闻怀沙 著

高效阅读

中国华侨出版社
北京

图书在版编目（CIP）数据

高效阅读 / 闻怀沙著 . -- 北京 : 中国华侨出版社，2020.7
ISBN 978-7-5113-8029-6

Ⅰ.①高… Ⅱ.①闻… Ⅲ.①读书方法 Ⅳ.① G792

中国版本图书馆 CIP 数据核字（2020）第 074756 号

高效阅读

著　　者：闻怀沙
责任编辑：黄　威
封面设计：韩立强
文字编辑：朱立春
美术编辑：李丹丹
经　　销：新华书店
开　　本：880mm×1230mm　1/32　印张：8　字数：160 千字
印　　刷：北京德富泰印务有限公司
版　　次：2020 年 7 月第 1 版　　2020 年 7 月第 1 次印刷
书　　号：ISBN 978-7-5113-8029-6
定　　价：36.00 元

中国华侨出版社　北京市朝阳区西坝河东里 77 号楼底商 5 号　邮编：100028
法律顾问：陈鹰律师事务所
发 行 部：（010）58815874　　传　　真：（010）58815857
网　　址：www.oveaschin.com　E-mail：oveaschin@sina.com

如果发现印装质量问题，影响阅读，请与印刷厂联系调换。

前言 PREFACE

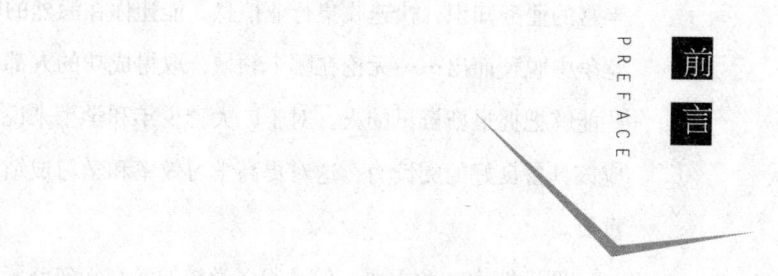

美国学习型组织的倡导者彼德·圣吉曾提出一个现代社会人类的生存公式——学习速度小于变化速度等于死亡。最新的统计资料显示：15世纪全球出版的各种书籍为3万种，16世纪为15万种，19世纪为700万种，20世纪为2.5亿种。科技、工业、农业、商业各个领域的知识和相关著作成倍地增长，过去的20年中出现的信息已经超过了有史以来信息的总和。我们的阅读能力和学习速度必须得到相应的提高，否则就会被时代淘汰。

快速掌握大量有效信息的能力对我们的生存和发展越来越重要。掌握阅读技巧，更快更有效地阅读各种信息可以帮我们创造成功的人生。学习中，掌握阅读方法和技巧可以提高阅读速度和记忆力。生活中，快速阅读大量信息，获得广博的知识，能让你在处理生活琐事、人际关系等问题时游刃有余。工作中，迅速掌握丰富的业务知识，快速收集行业信息，能让你在激烈的职场竞争中脱颖而出……无论在哪个领域，取得成功的人都是那些能够把握最新资讯的人。对于广大青少年和学生来说，更应该具备良好的阅读力，这对提高学习效率和学习成绩十分重要。

阅读能力如此重要，但是很多学校的教育却忽略了阅读能力的培养。现在有很多帮助我们训练阅读速度的书籍和机构，不过阅读速度并不是阅读能力的全部内容。除了阅读速度之外，理解力和记忆力也是阅读能力的两个重要因素。如果读得太快，就会破坏对信息的理解，也很难保证对信息的记忆；如果读得太慢，则会浪费时间，影响阅读的进度，不能实现大量阅读。正确的阅读方法应该是根据不同的阅读材料、不同的阅读目的，采取不同的阅读速度。

为了帮助广大读者培养良好的阅读习惯，迅速提高阅读力，本书在科学分析阅读原理的基础上，分别从理解、速度、记忆等方面介绍了提高阅读力的技巧和方法，同时还从阅读步骤、阅读方式、注意力和词汇量等方面介绍了如何培养良好的阅读习惯。

目录 CONTENTS

第一章 高效阅读——比别人更快的学习技巧

- 阅读与阅读力 2
- 阅读的 4 个层次 6
- 阅读是一切学习的基础 10
- 阅读能力的检验 14
- 发掘你的阅读潜力 19

第二章 阅读的过程及原理

- 视觉感知的过程 24
- 开拓右脑视觉 29
- 阅读中的眼动规律 33

- 语义加工与推论 38

第三章 通过不同的训练拓展阅读速度

- 速读要训练眼力 44
- 做到一目十行的技巧 50
- 尽量减少逗留与回顾 54

第四章 快速阅读时如何理解

- 学而不思则罔 58
- 没有理解的阅读不是真正的阅读 61
- 在阅读理解的基础上高效学习 64
- 阅读中要善于搜索信息 68

第五章 掌握科学技巧，记住更多信息

- 我们是怎样记忆的 72
- 保持长期记忆的方法 76

- 多感官记忆法 80
- 了解遗忘规律，加强记忆 83

第六章 带着明确的目的阅读

- 明确阅读目的 88
- 做好阅读前的准备 92
- 进行全文预览 95
- 找到自己想要的知识 99

第七章 集中注意力是高效阅读的关键

- 阅读效率在于集中注意力 104
- 注意力缺乏与分散的调整 108
- 情绪对注意力的影响 111
- 环境与注意力 115
- 改善注意力的实用方法 119

第八章　学会从宏观上把握一本书

- 把握书籍的分类 ……………124
- 吃透书的结构 ………………127
- 理解作者语义 ………………131
- 判定书的主旨 ………………135
- 评价书的价值与观点 ………139

第九章　不同类型图书的阅读方法

- 哲学书阅读 …………………144
- 自然科学书阅读 ……………147
- 社会科学书阅读 ……………151
- 文学书阅读 …………………155
- 实用型书阅读 ………………158

第十章　研究型主题阅读的方法技巧

- 需要撰写论文与专著时 ……………164
- 列出参考书目 ………………167

- 主题阅读的步骤 ………… 171
- 照顾全面与客观 ………… 175
- 运用工具书 ………… 178
- 克服主题阅读的困难 ………… 182

第十一章 日常工作中的高效阅读技巧

- 只阅读必要的文件 ………… 188
- 辨清主次 ………… 191
- 快速信息查询 ………… 195
- 新客户资料的阅读 ………… 198
- 精减阅读量的方法 ………… 202

第十二章 十种高效实用的阅读法

- 五步阅读法 ………… 206
- 勾画阅读法 ………… 210
- 笔记阅读法 ………… 213
- 三遍阅读法 ………… 217

- 积累阅读法 221
- 强记阅读法 224
- 比较阅读法 228
- 鉴赏性阅读法 232
- 创造性阅读法 236
- 五W阅读法 240

第一章
高效阅读——比别人更快的学习技巧

阅读与阅读力

这是一个信息大爆炸的时代，在这个竞争激烈的社会中，人们对知识和信息的需求越来越迫切，而知识和信息亦是人们生存和发展的保证。获得知识和信息的主要途径是阅读，报纸、杂志、各类书籍以及网络媒体每天向我们传达着海量的信息。

现在，知识更新越来越快，每3年左右，人类的知识总量就会翻上一番。如何从众多信息中挑选出对自己有用的信息？如何快速理解并掌握各种阅读资料中传达的知识和资讯？这完全取决于你的阅读能力。阅读能力强的人可以掌握最先进的理论和最新的资讯，站在这个日新月异的世界的最前沿，在竞争中处于有利的地位。

阅读是一种从书面语言和其他书面符号中获得意义的社会行为、实践活动和心理过程。书面材料是读者与作者之间交流信息的载体，读者借助这个载体对作者传达的信息进行"解码"，把文字符号转变为充满意义的素材。读者通过对文字符号的感知和理解，把握文章反映的客观事物及其意义，感受作者传达出的思想、情感和观点。

早期的传播学理论"魔弹论"忽视了读者的主观能动性,认为读者完全被动地接收信息,当他们看到文字信息之后,就像被子弹打中一样,只能"应声倒地"。事实上,读者受到性格、环境、教育等多种因素的影响,对文本信息不会照单全收。

阅读作为个体活动,体现为一个心智活动的过程。完成一次有效的阅读,必须依靠全部的心智活动和情感意向活动才能实现。阅读需要我们对文本内容进行关注,并进行积极的思考,任何人都不可能在昏昏欲睡的状况下进行阅读。

作者与读者的关系类似于棒球运动中投手和捕手的关系,作者是发出信息的一方,读者是接受和处理信息的一方。信息就是被作者投出来的球,能否进行有效的传达取决于投手和捕手的技术。一般来说,作者清楚自己要传达的是什么,并能够正确地把信息传达出去,不会故意投对方接不住的"偏球""怪球"。信息能否传到读者手中,就要看读者的"接球"技巧了,如果读者站在原地不动,不积极地思考,就接不住球。捕手与投手必须密切合作才能传球成功,读者必须配合作者,积极主动地思考才能理解作者传达的信息。因此阅读是一种主动的活动,而不是被动地接收信息。

与棒球赛相比,阅读要复杂得多。棒球要么接住,要么接不住,阅读文本信息则有可能接收到了一小部分或者一大部分,程度的大小与读者的主动性密切相关。读者应该主动搜寻信息,分析辨别信息,对信息的价值做出评价。读者越主动,在阅读过程中的收获就越多。

为什么说"有一千个读者就有一千个哈姆雷特"？因为每个读者的感受不同、立场不同、价值观不同。他们在阅读时根据自己的性格、知识和经验得出对哈姆雷特的理解和评价，所以每个人心中的哈姆雷特也是不同的。这种阅读结果的差异性也体现了读者在阅读过程中的主动性。

同样一本书，为什么有的人可以很好地理解并充分吸收书中的信息，有些人却不能呢？因为那些能更快更准确地理解文本信息的人，在阅读过程中会表现得更加主动。另外，每个人的阅读力是有差别的。有些人掌握了阅读的方法和技巧，阅读能力更强，因而阅读的效果更好。

阅读能力是一种非常复杂的脑力技能，包括以下几个要素：

1. 字词的认知能力，即把书面文字符号转化为主体语言信息的能力。

2. 语义分析能力，即通过分析综合思维活动对文章的句子和段落进行评价和鉴赏的能力。

3. 语言吸收能力，即对语言的语义信息和语言形式进行记忆和存储编码转换的能力。

4. 语言自学能力，即运用工具书克服阅读过程中的困难、掌握阅读方法和技巧、养成良好的阅读习惯的能力。

阅读力是浏览、吸收、处理文字的综合能力，表现在理解、速度、记忆3个方面，其中理解是阅读力的核心。

阅读是否有效，主要是看读者是否理解了文章的内容。如果读完一篇文章之后，不理解文章的内容，几乎和没读过一样。理解力是阅读力中最重要的因素。理解文章首先要站在作者的高度，确定作者提出的主要观点，找出作者提出的主要问题和次要问题；其次要分析句子、层次、段落之间的关系，弄清楚作者分析问题的步骤和逻辑；再次还要通观全文，结合作者的思想、背景，进行深入理解，最后凭借自己的知识和经验，对文章的内容进行综合分析、概括归纳，并做出评价。理解力需要在不断积累知识和经验的基础上得到提高，知识越丰富，社会阅历越多，理解力就越高。

阅读速度是评判阅读力高低的重要标志之一。阅读同一份文本材料，阅读力强的人可以在更短的时间内读完。经过训练可以提高阅读速度，但是阅读速度是有极限的，而且阅读是有一定心理负荷的脑力劳动，因此不要过分担心自己的阅读速度，以免影响对文章的理解和记忆。需要注意的是，并不是阅读速度越快，阅读能力就越强，真正的阅读高手是能够根据文章的内容主动调节快慢的人。

阅读之后，对文章内容的识记、保持、再认和复述的能力也是衡量阅读力的重要标准。理解文本信息之后，还要通过记忆把信息储存、吸收，以备在需要的时候能够很快回想起来，并应用在生活和工作中，这才是阅读的意义和价值所在。影响记忆质量的要素有记忆的敏捷性、准确性和持久性。读者应该掌握记忆的技巧，从这3个方面提高阅读记忆力。

阅读的4个层次

阅读有4个层次：基础阅读、检视阅读、分析阅读、主题阅读。4个层次是环环相扣的，其中较高的层次包含了较低层次的特性，因此要循序渐进，一步一步地开展。下面我们逐个了解各个层次的阅读。

· **基础阅读**

基础阅读，顾名思义就是具备初步的阅读能力，掌握初步阅读技巧，简单地说，就是可以读书认字了。完成上一节中提到的4个阶段，也就具备了基础阅读的能力。

在这个阅读层次，读者面临的关键问题是如何辨认文字符号，知道白纸上的一个个黑字所代表的含义，掌握不同的字符连成句子又代表什么意思。达到这个层次的阅读，起码要知道书上的文字在说什么。这在小学和初中阶段就应该完成。但是，这个阅读层次要解决的问题一直伴随以后的阅读。明白句子在说什么，这是我们应该掌握的最基本的阅读能力。只有明白文章中每个字词的意思和每句话的意思之后，才能对文章整体表达的意思有所了解。

尽管我们早就掌握了这种基础阅读，但是难免还会碰到这个阅读层次上的困难。比如，遇到不认识的字，或者遇到不懂的专业术语，必须想办法弄明白之后，才能知道文章表达的是什么意思。这些都是技术性的问题，并不难解决。解决这些问题之后，我们就能加深对文章的理解，加快阅读速度。

· 检视阅读

检视阅读的意义在于通过系统地浏览和略读，掌握一本书的脉络或一篇文章的整体结构。这个层次强调读者在较短的时间内完成一项阅读任务，掌握阅读材料的重点。比如，在15分钟内浏览完一本书，然后说出这本书的体裁是小说，是科学论文，还是其他的体裁。此外，还要掌握此书的框架结构和主要观点，如果是小说，就要说出大体的故事情节，如果是科学论文，就要说出论文的主要论点。

检视阅读是一种搜寻性的阅读活动，比如从众多读物中搜寻自己需要的材料，或者从一篇文章中搜寻自己需要的观点。掌握检视阅读的读者应该熟悉并掌握各种工具书，而且要善于运用图书的目录和索引。

大部分读者没有达到检视阅读的层次，他们拿到一本书之后，就直接从第一页开始看，连目录都不看，结果读了一大半才发现书中没有自己想要的信息。这样做不但浪费时间，而且加深了阅读的难度。我们拿到一本书之后，应先看书名，然后看作者和出版者的介绍以及书的前言或简介；下一步要研究目录和索引；接下来根据目录挑几个和主题息息相关的篇章浏览；最后把全书翻一遍，找出主要的观点。

检视阅读的目的非常明确,你可以带着问题迅速浏览,略过次要的内容,直接搜索自己需要的内容。你还可以对收集到的信息进行摘录,对所读材料的内容进行概括和组织,整理出大纲,帮助自己理解和思考。这种阅读对于科学研究和社会调查有重要作用。

· 分析阅读

检视阅读是在有限的时间内快速把握文章的内容;分析阅读则是在没有时间限制的情况下尽可能完整地理解文章的内容。分析阅读更系统更复杂,它的意义在于理解文章的内涵,要求读者仔细咀嚼书中的内容,直到把书中的内容化为己有。

这个层次的阅读应用于学习和研究中的精读材料。首先要通过检视阅读掌握文章概貌,然后从头到尾仔细阅读,结合自己的知识和经验,运用综合分析、归纳演绎、抽象概括等思维方法,对读物的内容提炼整理,充分理解读物的主要观点,并对作者的论述做出自己的判断。

分析阅读包括对读物内容的分析和对读物形式的分析。对内容的分析包括读物的章节、段落、中心思想和社会意义,作者的观点、写作背景和动机。对形式的分析包括读物的体裁、结构、各部分的联系、语言特点,等等。为了帮助理解,在进行分析阅读的时候,读者还要借助圈点勾画、做笔记、提问题、列大纲、绘图表等手段辅助阅读。

· 主题阅读

　　主题阅读是最高的阅读层次，也是最复杂、最系统化的阅读，它包含了前面3个层次的所有特性，是最高的阅读境界。主题阅读是最主动、最费力的阅读，对读者的要求更多，因而也是最有收获、最有价值的阅读活动。

　　与分析阅读相比，主题阅读还多了一个比较的过程。也就是说，当你围绕某一个主题进行阅读的时候，你需要找到与主题相关的很多书，了解每本书中的观点，弄清楚这些观点的相同之处和主要区别。通过积极主动地思考，读者还要在这些书的基础上，提出超越这些书的新的观点。

　　在准备阶段要针对你想研究的主题，参考图书馆目录、专家建议和书中的目录索引，列一份参考书目。然后，用检视阅读浏览这些书，找出与主题相关的书籍。接下来，用检视阅读浏览相关书籍，找出与主题相关的章节。随后，运用分析阅读充分理解各个作者所表达的意思，建立一套自己的语汇和主旨。列出一串与主题相关的问题，将作者针对各个问题的意见陈列出来，根据不同的意见界定并安排议题。最后客观地分析议题，得出辩证的、客观的结论。

小练习

◎ 基础阅读训练

　　阅读一篇专业性比较强或对你来说难度较大的英文读

物，克服其中的专业术语和生词，弄明白文章所表达的意思。

◎ 检视阅读训练

用5分钟时间阅读一本新书，读完以后，说出文章的主要内容和框架结构。

◎ 分析阅读训练

找一份需要学习或研究的阅读材料，充分理解、吸收阅读材料中的内容。

◎ 主题阅读训练

围绕一个你感兴趣的主题收集相关书籍进行主题阅读，充分理解并比较各个作者关于这个主题的观点之后，得出关于这个主题的客观结论。

阅读是一切学习的基础

阅读与学习有着密切的关系，阅读是学习的一种重要形式，狭义的学习就是了解和掌握书本知识。阅读的目标是获得信息和增进对问题的理解，这两个目标都是学习，但是二者有很大的差异，是两种不同性质的学习。

为了获得信息而进行阅读，你只是知道某件事发生了，了解了一些事实，记住了一些信息，从书本上学到了一些东西。如果这些东西是正确的，也可以说你学到了一些知识。但是，如果你在阅读过程中只运用了记忆，除了获得一些信息之外没有别的收获；只知道作者说了什么，不知道他为什么那么说，也不知道他说的对不对，那么你并不理解你所记住的信息的真正含义。

获得信息是学习的一个重要阶段，但是学习不应止于获得信息，还应该理解作者的意思，并从中受到启发。这就涉及阅读的第二个目标——增进理解。你不但要知道发生了什么事，还需要解释事情是怎样发生的，以及为什么会发生。只有真正理解了文章的意思，阅读者才能达到触类旁通、举一反三的学习效果。

学习区别于娱乐休闲性阅读的地方在于：你的学习并不完全是为了自己，你需要对某个人有所交代（比如你的老师或老板），或者你需要对某件事负责（比如考试或某项工作任务）。因此，在学习时，你不但要获得自己需要的知识，还要完成分配的任务。你不但要完整准确地理解信息，还要在需要的时候记起并运用它们。

广义的学习可以分为两种类型，一种是辅助型的学习，一种是自主型的学习。顾名思义，辅导型的学习就是在老师的辅导和帮助下学习，自主型的学习就是在无人指导的情况下自己学习。这并不是说辅导型的学习是被动的，自主型的学习是主动的。在前面我们提到过，阅读是一个需要主动参与、积极思考的活动，学习越主动，收获就越大。因此，如果没有学习者的主动参与和积极思考，辅导型的学习也不会有什么效果。

辅助型学习和自主型学习的最主要不同在于学习者所使用的教材。辅助型的学习是在老师的口头或书面教导下，学习者通过倾听或阅读接收信息。自主型的学习则需要学习者在没有任何老师和书本帮助的情况下学习，在自然和社会中通过实践总结一些知识和道理。如果说辅助型学习是通过阅读书本和倾听老师的讲解获得知识的，自主型的学习就是通过阅读自然和社会获得知识的。伏羲当年仰观天文，俯察地理，从中领悟了天地万物的奥秘，进而创立了八卦，这就是典型的自主型学习。

无论是辅助型的学习还是自主型的学习都需要思考。大多数人认为相对于自主型学习来说，辅助型的学习比较被动，不需要太多的思考。事实并非如此，如果你不积极主动地思考问题，没有哪个老师可以把知识塞给你。阅读书籍的时候，只有主动地思考问题，充分理解作者要表达的意思，才能收获知识，实现阅读的意义和价值。

观察、记忆、运用感觉和想象力对自主型学习者来说是非常必要的。自主型的学习者也可以叫作实践型的学习者，只有通过切实的体会，才能收获信息和知识。比如，对于自主型学习者来说，要想知道苹果是什么味儿的，必须亲自咬一口苹果才能知道。

对于辅助型的学习者来说，观察、记忆、感觉和想象同样非常重要，但是这些却常常被忽略掉。大家都同意进行文学创作的时候需要丰富的想象力，却认为在阅读文学作品的时候不需要太多的想象力。其实，如果学习者在阅读的时候，能够全身心地投入，调动一切感觉器官，充分发挥想象力，就能够更好地接受作者传达的信息，使学习更加有效率。

我们在学校学习，在老师的指导下读书，这是典型的辅助型学习。离开学校之后，我们自己阅读文章，这也是一种重要的辅助型学习方式，只是在这种情况下老师是缺席的。在老师的指导下学习一篇文章，和自己通过阅读学习一篇文章，你所能学到的知识是一样的。二者的区别在于是否有老师帮助你理解。如果有老师在场，遇到不懂的问题，你就可以得到老师的解答，省去了自己的思考和探索。这就是为什么有人认为辅助型的学习不需要太多思考的原因。

如果身边没有老师，就没有人面对面地回答我们的问题，手把手地指导我们学习。遇到不懂的问题时只能通过自己思考来解决，这就类似于自主型的学习者在自然界和社会中进行探索。当你通过自己的努力，得到问题的答案之后，你不但学到了更多的知识，而且理解力也获得了提升。

在学校学到的知识是远远不够的，对于离开学校的人来说自学能力非常重要。正所谓"活到老，学到老"，人一生的经验是有限的，经验的限制恰恰可以通过学习得到扩展。自学能力主要体现为从书籍中获得知识的能力，也就是阅读的能力。阅读能力是一切学习的基础，如何提高这方面的能力正是本书要介绍的。

阅读能力的检验

你觉得自己的阅读能力怎么样呢？大多数人对这个问题没有明确的概念，只要达到基础阅读的层次，他们就会觉得自己的阅读能力还可以，因为他们可以"阅读"了。但是达到基础阅读的层次只能说明你不是文盲，并不能说明你阅读能力如何。要想准确地知道自己的阅读能力，需要一些客观的衡量标准。

你已经知道了阅读能力主要体现在理解、速度和记忆3方面。你的阅读能力如何，需要从这3个方面进行评判。我们反复强调，理解力在阅读中是最重要的，如果你读完一本书之后，没有理解作者的意思，那就和没有阅读一样。如果你的阅读速度很慢，以致不能及时得到自己需要的材料，同样会严重影响你的阅读效果。如果你阅读之后，没有记住书中的内容，也就失去了阅读的意义。

· 理解力

目前还没有一个统一的衡量阅读理解力的标准，因为读者对一篇文章的理解是非常主观的，并会受到教育背景、知识结构、社会经验、个人喜好的影响。比如，一个科学家阅读科研报告，或者科普类的书籍，就会得心应手，很好地理解文章的内容。如果让科学家阅读文学或社会科学方面的读物，就不那么容易了。因为我们要评估的是读者在日常情况下的阅读理解力，所以建议读者在测验时选择不同类型的素材进行多次测验。

由于成长背景和知识结构不同，不同的人对同一篇文章的理解程度也会有不同。比如，一篇描写雪的文章对于北方人来说比较容易理解，对于南方没有见过雪的人来说就很难理解。因此标准化的考试适用于那些与命题者有相同的成长背景、教育背景和文化背景的应试者。

阅读一段文章之后，你认为自己读懂了文章的内容。事实上，很可能你只理解了其中的一部分，甚至你可能误解了文章的内容。你到底理解了多少？你从文章中获得了什么？最常见的检验理解力的方法就是考试中经常用到的选择题和问答题。但是这种测验也有局限性，做选择题有可能猜对答案，问答题没有标准答案，应该由谁来评判呢？

考虑到这些因素，本书采用写评论的方法来检验读者的理解力。但写评论的方法面临一个由谁来评判的问题。如果由老师来评判，就会带有很强的主观性。因此我们要读者读完一遍文章并写出自己对文章的理解之后，回过头再读一遍文章，然后批改自己的评论，以求达到更深入的理解。这要求你对自己负责，诚实地对待自己的成绩，保证测验真实有效。

在长期阅读的过程中，我们养成了一些阅读习惯，这些习惯有好的，也有不好的。由于日积月累的阅读经验，每个人在阅读时都形成了自己的方式和方法。按照自己的方式阅读，你会感到轻松，从而更好地理解文章的内容。

· 阅读速度

阅读速度可以根据读者每分钟阅读的字数来衡量。测验方法是，在一定时间内阅读一段文章，然后统计阅读的字数，用总字数除以阅读时间，算出每分钟阅读的字数。比如，你在10分钟之内读完了3000字，那么你的阅读速度就是300字/分钟。

这种测量方法被广泛采用，但是有一定的局限性。测验通常在很短的时间内完成，读者处于高度紧张的测验状态，他们希望自己取得好成绩，于是每个人都以自己最快的速度读完一篇短文。这样测量出来的阅读速度并不是读者在日常生活中的阅读速度，阅读量也比平时的阅读量小得多。这就偏离了测验的目的，测验要了解的是读者在自然状态下的阅读速度。

此外，还可以用读完一本普通厚度的书所需要的时间来衡量阅读速度。如果你需要一周的时间来阅读一本书，那么你的阅读速度就是每周一本书；如果你需要用一个月的时间阅读一本书，那么你的阅读速度就是每月一本书。如果你要用几个月的时间才能读完一本书，也不用为此感到难过。因为很多人对阅读没有兴趣，在几年之内也没有读完过一本书。即使你用几个月的时间读完一本书，你的阅读能力也远远在他们之上。

· 记忆力

记忆力与理解力有密切的关系。老师常常对学生说"在理解的基础上记忆"，如果你真正理解了一篇文章的内容，那么在理解的同时你也就记住了文章的内容。

记忆力对于为了获得信息而进行的阅读非常重要，如果阅读一篇文章之后，对其中的内容没有印象，那么这样的阅读就是无效的。显然，阅读一篇文章之后，记住的东西越多，就越有收获，记忆力也就越强。

检验记忆力的方法有选择题、复述和背诵。本书建议你使用写出文章内容概要的方法来检验记忆力。阅读完毕之后，写出你记住的文章的内容概要，然后对照文章进行检查，看自己记住了多少。

小测验

用10分钟时间进行一次阅读能力测试。选择一本你平时乐于阅读的书籍，比如简单的小说或散文，按照平时的阅读习惯阅读，以求获得准确的评估。你可以请别人为你计时，或者自己定闹钟。10分钟之后，在你读到的位置做上标记。

接下来，在下面的空白处写出你刚刚阅读的内容概要和你对内容的理解：

你的记忆：

_____

_____

_____

你的理解：

_____

_____

_____

你的速度：

统计你在10分钟之内所阅读的字数：

每行的字数 × 每页的行数 × 页数 =

用你阅读的字数除以10，得出每分钟阅读的字数。如果你的阅读速度在每分钟225~275个字之间，那么你的速度就达到了平均水平。

检查你的记忆力和理解力，重新仔细阅读一遍文章，看看自己是否了解了基本信息，有没有遗漏重要信息，是否抓住了文章的中心思想，是否理解了作者要表达的意思。如果你的记忆和理解达到65%~75%，那么你的记忆力和理解力都达到了平均水平。

对自己的阅读能力有了基本的了解之后，你就能有针对性地训练自己的阅读能力了。

发掘你的阅读潜力

通过对自己的阅读能力的检验，你现在应该对自己的阅读能力有了充分的认识。你对自己的阅读能力满意吗？你觉得自己能够得心应手地阅读所有的文章吗？你希望自己的阅读水平有多大的提高呢？

每个人都有很大的阅读潜力可以发掘。现在你可能有一些不良的阅读习惯：没有掌握高效的阅读技巧，不注意激发阅读兴趣，缺乏良好的阅读环境。当这些因素得到改善之后，你的阅读能力就会大大加强。

本书将为你系统地介绍提高阅读能力的理论和训练方法，激发你的阅读兴趣，培养你的良好的阅读习惯，让你掌握很多有效的阅读方法和技巧。不管你的年龄多大，学历多高，掌握这些方法之后，你都能体会到阅读效率的提高——你可以更好地理解书中的内容，用更快的速度进行阅读，记住更多的信息。在以后的阅读中，你不但能很快搜集到自己需要的信息，深入理解自己学习的内容，而且你能够更好地享受阅读带给你的快乐。

做好任何一件事都要有充足的信心和坚定的决心，提高阅读能力也不例外。有些人对阅读没有兴趣，对提高阅读能力没有信心，认为自己无论如何也不会成为一目十行的阅读高手。如果你在行动之前就否定自己,那么你必然不能成功。你要对自己说:"我能行!"至少要有试试看的心态,才能从这本书中有所收获。如果你能下定决心并持之以恒地进行练习,你的阅读水平就会逐渐提高。

建议你先选择自己喜欢看的、轻松有趣的阅读材料进行训练,循序渐进地提高自己的阅读能力。只有当你享受到阅读给你带来的乐趣之后,你才能更加积极地进行阅读活动。逐渐增加读物的难度,不要在一开始就尝试阅读深奥难懂的书,给自己增加压力。

在信息化的现代社会,阅读的重要性不言而喻。电脑的普及、媒体的发展、网络的繁荣,不但不能取代阅读的必要性,反而使阅读能力显得更加重要。人们做任何一件事都要基于对信息的掌握。在任何一个领域,获得成功的人总是那些能够很快掌握第一手信息的人。及时掌握信息,你就能在工作中得心应手,在学习中融会贯通,在生活中领先一步。能否及时地掌握大量信息则取决于你的阅读能力。如果你理解和掌握信息的能力跟不上时代的发展,那么你注定会被时代淘汰。

我们学习的过程和思维的方式就是首先接收信息,然后在吸纳信息的基础上进行思考,最后做出决定。只有吸纳到丰富的信息,并充分地理解信息,才能做出正确的决定。所以说,提高阅读能力,对于每个人的生存和发展具有重要意义。

要想提高阅读速度,发掘阅读潜力,你需要付出努力。本书在后面将为你介绍很多提高阅读能力的方法和技巧。你不但要学习和理解这些方法和技巧，最重要的是不断进行练习，在阅读过程中应用这些方法和技巧，直到娴熟地掌握它们。其实，阅读是技术性的东西，掌握基本的方法和技巧之后，提高阅读水平并不难。

面对海量的信息，有些人放弃了阅读，有些人则盲目地无所不读，付出很多努力之后，收获非常有限。究其原因，主要是大多数读者都以单一的速度阅读所有的资料。如果你通过本书学会了根据阅读目的和材料内容自觉调节阅读速度，你也能成为阅读高手。

世界上没有魔法，本书提供的方法和技巧不会让你在顷刻之间变成高超的阅读者。要想练就一目十行，过目不忘的本领，还需要你循序渐进、持之以恒地努力练习。如果你三天打鱼两天晒网，只在心血来潮的时候随便翻两页书，那么你注定在阅读能力的提升方面不会有什么收获。如果你按照书中的指导，运用书中的方法和技巧每天进行练习，一个月之后，你的阅读速度和理解力必然会得到大幅度提高。

需要注意的是，在阅读训练中不要盲目加速。现在很多培训资料都在强调阅读的速度，忽视了对文章内容的理解。其实，阅读速度达到一定限度之后就会影响理解和记忆。阅读速度提高十几倍是不可能的。眼睛接收到信号之后有一系列的感觉和知觉活动，其中有一个环节叫作"短时记忆"，如果阅读速度过快，前面的文字印象就会被后面的文字印象覆盖,而要理解后面的文字必须以前面的文字内容为基础。这样就会给理解造成障碍,因此阅读训练应该兼顾理解和速度,在提高阅读能力的前提下使二者协调发展。

对大多数人来说,速度并不是他们关注的主要问题,还是提升阅读的实用价值比较重要。比如,对技术文献的理解和记忆能力,从大量素材中筛选出重要内容的能力,提高阅读时的专注度,如何让图书为我所用,等等。这些问题在以后的章节中都会进行详细介绍。

小练习

◎ 确定一个月之后的阅读目标:

理解力达到什么样的水平?

记忆力达到什么样的水平?

阅读速度提高到每分钟多少字?

每天花费多少时间进行阅读训练?每天阅读多少内容?

第二章

阅读的过程及原理

视觉感知的过程

了解一下有关阅读的生理和心理学原理,有利于我们提高阅读能力。首先,我们应该了解一下视觉感知原理。我们的眼睛如何感知到纸上的文字符号,我们的大脑又如何理解文字符号的含义?

我们的眼睛像一架精密的照相机,主要由角膜、虹膜、晶状体、视网膜等几部分构成。虹膜类似快门,通过扩张和收缩控制

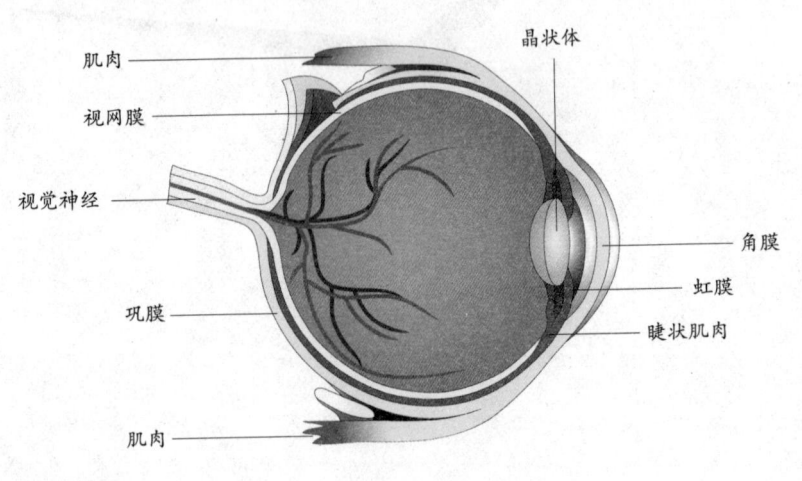

眼睛的结构

进入眼睛的光的强度，晶状体类似透镜，把从书本反射到眼睛里的光线汇聚在视网膜上成像。视网膜上有上亿个感光细胞，每个细胞都会对光做出反应。

感光细胞分为杆状细胞和锥状细胞。杆状细胞只能感觉到黑白和形状，锥状细胞可以感觉到色彩。这两种细胞在视网膜表面并不是平均分布的，杆状细胞主要分布在视网膜的周边部位，在视觉感知中起重要作用的锥状细胞大部分集中在视网膜中心的下凹部分，叫作黄斑。越往视网膜两边，锥状细胞就越少。我们在观看景物和阅读时，晶状体将光线聚焦在这里成像，因此注意力只是集中在视野范围一半不到的区域。

一个视力正常的人能分辨在视网膜上来自不同事物的影像，这种能力称为"视觉敏锐度"。黄斑是视觉敏锐度最高的位置。当我们要看清一个对象时，我们会转动眼球，直至影像聚焦在黄斑上。离开黄斑越远，感光细胞越少，影像越不清晰。如果影像聚焦在黄斑以外的地方，我们用眼睛的余光可以感知到一件对象的存在，但是看不清这件对象是什么。

在视觉神经和视网膜连接的部位没有感光细胞，因此在这个位置存在一个视野的盲点。但是我们无法用眼睛觉察到这个盲点，因为大脑在形成图像感知的时候自动把它掩盖起来了。

眼睛必须在眼球静止的状态下才能成像，眼部肌肉收缩或拉伸调节晶状体的形状，直到清晰的影像呈现在视网膜上，这叫作"定影"。我们对文字的感知就是由一系列的定影形成的。眼睛每停顿一下，就聚焦一次，形成一个定影，并把信息传递给大脑。当眼球移动的时候，大脑无法捕捉到任何信息。也许你会有疑问，为什么我们转动眼球环顾四周的时候能够看到东西呢？因为眼球停顿、聚焦、定影、把信息传达给大脑的时间只需要1/4秒。

一次定影在极短的时间内完成，下一次定影紧接着前一次定影，这样自动地继续下去，所以我们没有感到间断。也就是说我们的眼睛感受到的是一系列静止的图片，每一张图片都是独立的，但是由于它们产生的时间间隔非常短，所以我们感觉到的是移动的影像。

一次定影中接收到的内容越多，你的阅读速度就越快。这很容易理解，如果你每次眼球停顿都把焦点放在一两个单词上，那么你需要多次定影才能看完一句话。如果你把视野放宽，每次定影看一句话或半句话，那么你的阅读速度就会大大加快。

眼球外围与眼窝之间有一组6条肌肉，当需要改变视线方向的时候，位于哪个方向上的肌肉收缩，视线就向哪个方向转动。如果需要大幅度改变视线方向则需要扭动头部。阅读时并不需要大幅度改变视线，扭动头部会浪费时间和精力，因此在阅读时，应该保持头部不动，只通过眼部6条肌肉的收缩来改变视线。

眼睛并不知道应该在哪里聚焦，或者把视线转向哪里，它接收来自大脑的指令，聚焦之后再把信息传递给大脑。大脑接收到你希望看到的影像信息的同时，也接收到了焦点之外的视觉信息，由此可以判断出下一次聚焦的位置。也许你有过这样的经历：一块石子或别的东西向你飞来，尽管它没有进入你聚焦的范围，但是你也会本能地做出躲避的反应，因为大脑在有意识地注视它之前，已经感知到它的存在了。

在阅读的时候，大脑也是用这个机制来扫视文字的。无论是盯住一个生词，还是快速扫过一个句子或一个段落，这种观察机制是在无意识的状态下进行的。什么是你需要着重关注的，什么是你需要忽略掉的，大脑自动通过一系列的步骤完成。

形成影像并不是感知的全部过程，看到图像只是感知的开始。感知的过程至少要经过 6 次神经细胞间的信息交换，有数亿个细胞参与其中，在视网膜和视觉神经之间进行大量的信息转换，然后由视觉神经把信息传递给大脑。来自左眼的信息进入右侧大脑，来自右眼的信息进入左侧大脑，两部分功能完全独立完成，最后由大脑完成对事物的整体认知。目前科学界仍不清楚这个过程是如何完成的。

我们看到某一事物的过程只需要 1/4 秒，如果没有其他画面进入视线，映在视网膜上的影像就会在 1/2～1 秒内消失。这个过程叫作短时记忆，信息被短暂地储存起来并很快消失，让大脑准备好接收新的信息。如果事物在眼前变化的速度超过 1/4 秒，我们的大脑就不能及时做出反应，无法清晰地感知到看到的事物。因此我们的阅读速度有一个上限，专家研究发现，一般读者无法在1分钟之内认清900个以上的单词。因此，如果在阅读训练中过分追求速度，就会影响我们的认知和理解。

每分钟900个单词的速度是一般读者阅读速度的三四倍，这为我们提高阅读能力提供了很大的空间。阅读的过程不仅仅是识别单词这么简单，还有更加复杂的思考和理解的过程。理解和思考也要花费一定的时间，因此要想达到每分钟阅读900个单词并不容易，如果你能达到这个速度，那么你就是世界上阅读速度最快的人了。

小练习

在印度，打猎的部落喜欢玩这样的游戏：

几个人共同参加比赛，先对某种物体观察一段时间，然后，每个人分别把他们所看到的东西告诉裁判，每个人都要尽量多地说出这些事物的细节，谁说出的细节越详细就算胜利。

这种方法是为了训练猎手的注意广度。你可以用这种方法训练自己的视觉感知能力。

开拓右脑视觉

上一节中我们简单提到了左脑视觉和右脑视觉。左脑和右脑在阅读和视觉感知中发挥着不同的功能。左脑按照逻辑的、线性的方式进行思考，负责将一个词汇分隔成若干独立的音节，然后按照词语的发音从大脑的语言库中搜索词义。比如，当我们读到"家"这个词的时候，眼睛把信息传递给左脑，左脑会以"jia"的形式读出它的音，然后到左脑储存的语言库中搜索含义。

当右脑分析一个词汇时，则是另一番情景，它会把文字之间转化为图片影像，把词汇以图像的形式进行记忆。比如，当我们的眼睛看到"家"这个词时，眼睛把信息传递给右脑，右脑会把它看作是一个整体，然后从右脑影像库中搜索与它对应的图像，把我们印象中"家"的图片、含义与感觉连接在一起。

左脑视觉能够看到我们平时肉眼看到的事物，右脑视觉可以看到左脑视觉无法看到的光和颜色。开拓右脑视觉的关键是使用"软焦点"的视觉方法。这种视觉方法是指在阅读时不把焦点集中在一个点上，而是尽量使焦点变得模糊分散。这样得到的影像会直接转化为思维形象，由文字描绘的图像就会清晰地呈现在大脑里。

如果左右脑协同完成阅读任务，阅读效率会大大提高。由于

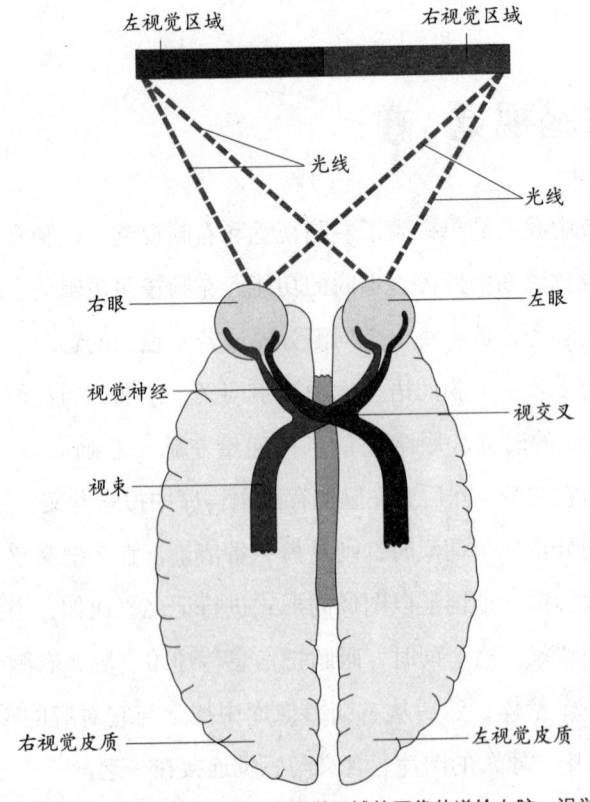

左视觉区域的图像被传递给右脑，右视觉区域的图像传递给左脑。视觉皮质对这些图像进行诠释、修正。

传统教育和认知习惯，大多数人都是左脑比较发达，右脑思维没有得到充分开发。当你阅读一本书的时候，视线可以飞快地在段落之间游走，把每一句话或每一段话作为一个整体进行处理，充分发挥右脑视觉的效力，达到快速阅读的目的。当你从书籍或杂志中搜寻一些你感兴趣的东西时，右脑视觉可以让你快速找到你想要的信息。把左右脑结合起来,发挥右脑的超速吸收能力和左脑的逻辑性与渐进性增加词汇的能力,可以提高"整个大脑"的阅读速度和理解能力。

日本教育学家七田真长期致力于右脑开发的研究,他提出了3种训练右脑视觉的方法:一点凝视训练、3D图片训练和残像训练。这些方法可以帮助我们集中注意力,而且有助于拓展阅读时的视野广度,提高我们在头脑中清晰地再现图像的能力。

一点凝视训练可以帮助我们扩展视野。首先要准备一张中央印有3.5厘米直径的黑色圆点的白色卡片。长时间凝视黑色圆点,直到你看到一个外围比原来的圆点大得多的圆点。平时我们看东西的时候,会把视觉焦点集中在对象上看,眼睛的余光基本上发挥不了作用。一点凝视训练可以让我们看到对象物体的同时也看到周边的事物,视野变得开阔很多。

3D图片训练也可以达到这样的目的,看出3D图片的诀窍就在于分散视觉焦点,让你一眼就看到全部的阅读内容。3D图片训练可以激活大脑中的右脑视觉回路,让我们清晰地看到肉眼在平时看不到的内容,并通过右脑的形象思维将其记在脑海中。

残像训练是训练右脑想象力的重要方法,它可以延长大脑"短时记忆"的时间。这样当你以超过1/4秒的速度移动眼球的时候,还可以有足够长的时间存储前面的记忆,使你对文章的理解可以顺畅地进行下去。

你有没有玩过三维立体图的游戏?

三维立体图是20世纪中叶视觉研究领域的一项惊人的发现。研究人员贝拉·朱尔兹发现了人类的"第三只眼"。他设计了一些由彩色短线构成的图片，双眼正常看时，图像保持不变，只用左眼看时，图像保持不变，只用右眼看时，图像仍然保持不变。如果你把双眼的焦点散开时，就会有奇怪的事发生——大脑把左眼和右眼看到的图像重叠起来，当视觉角度合适的时候，就会形成一个立体图像，仿佛你进入了一个异常清晰的魔幻世界。

这种现象告诉我们，视觉系统在感知外界事物的时候，会对双眼看到的事物进行整合，形成一个完整的图像。明白这一点之后，在阅读的时候，我们就应该让自己的视野更开阔，不要把目光的焦点集中在一个字、一个词上，而应纵览全文。这种方法可以加强我们的眼睛获取信息的能力，有助于加快阅读速度。

在上一节中，我们介绍了锥状感光细胞和杆状感光细胞。视网膜中大概有1.37亿个感光细胞，其中杆状细胞有1.3亿个，分布在视网膜的周边部位，锥状细胞有700万个，分布在视网膜的中心部位。我们平时看东西或阅读的时候，主要使用位于视网膜中心部位的700万个感光细胞，其余大部分细胞都没有发挥作用。3D图片训练可以利用周边部位的感光细胞来提高眼睛的感光功能，使视觉形象异常鲜明、清晰。

很多人在刚开始看3D图片的时候看不到任何立体图像，但是经过训练之后一般都可以看到。你只要把3D图片放在距眼睛30～40厘米处，然后把图片向自己的眼睛慢慢靠近，调节视觉焦距即可。需要注意的是，不要观察图片的细节，而应该纵览图片的全貌。

残像训练要使用颜色卡片和图形卡片。训练方法是用 30 秒钟凝视卡片，然后闭上眼睛，脑海中出现残像，但是很快就会消失。开始进行颜色残像训练的时候，你看到的是颜色的补色，但是经过一段时间的训练，你将看到本来的颜色，残像存留的时间也会越来越长。

小练习

1.买一本关于三维立体图像的书，感受视线在图像上聚焦或扩散的过程。这种训练可以扩大你的视野，让你体会到一目十行的乐趣。

2.用一周时间进行颜色残像训练，一周时间进行图形残像训练，然后进行具体物体训练，一个月之后你的记忆力和想象力将得到大大加强。

阅读中的眼动规律

阅读速度与眼部运动有直接的关系，要想快速阅读，首先要了解眼部肌肉的运动功能。

在阅读时，我们感到自己的视线是平稳地在书面上移动的，事实上，它们是不断快速跳动的，这叫作"眼跳"。我们已经知道眼睛每定影一次需要 1/4 秒的时间，眼跳就是每次定影之间的间隔。每次眼跳大概需要 10 ~ 20 毫秒。一般读者每次眼跳的空间距离为 4 个字符。

通过前面的学习你已经知道，阅读者在每一次定影的时候才能提取信息。研究者发现阅读者每次停顿视线的时候，定影之外的文字内容都遭到破坏，只允许定影内的文字内容进入人的眼睛。定影的范围也就是视野的广度，这个范围受到文章难度和字体大小的影响。定影范围通常为焦点左侧的两三个字符和焦点右侧的七八个字符。导致这种不对称现象的原因是阅读的顺序，一般人们都是从左向右阅读，右侧的文字包含着更多的信息。希伯来语的书写顺序是从右向左，读者在阅读时则体现了相反的不对称性。

研究者还发现有 3 个不同层次的知觉广度，第一个层次是总知觉广度，即从文章中获得所有信息的总体区域，这个区域范围最广；第二个层次是词语辨认广度，即从文章中获得与词组或短语相关信息的范围；第三个层次是字符辨认广度，即从文章中获得与单个字符相关信息的范围，这个范围的广度最小。这 3 个不同的层次说明视觉焦点以外的信息也被用于阅读。

前面我们已经提到过，有两种形式的"看"，一种是把视觉焦点对准对象进行注视，另一种是用眼角的余光进行扫视，叫作外周视觉加工。这和知觉的广度有密切关系。在阅读的时候，虽然你没有关注视觉焦点之外的信息，但是你大脑的潜意识已经对它有了模糊的印象。这种外周视觉加工对提高阅读效率具有重要的意义。

研究者针对这个问题进行了一项试验。在读者视觉焦点的右侧出现一个预览词，当读者完成一次眼跳抵达这个词，这个词成为处于视觉焦点范围内的目标词。研究者让预览词和目标词发生改变，通过比较发现，如果预览词和目标词相同，对目标词的注视时间会缩短一些，如果目标词与预览词不同，注视时间就会加长。如果目标词和预览词之间在字形、读音上有相似之处，读者对目标词的注视时间也会缩短。但是，如果只是语义有相似之处，阅读速度并没有明显的变化，说明阅读者可以通过外周视觉加工获取视觉和语音信息，但是没有达到理解语义的水平。

阅读学研究者发现阅读者注视每个单词的时间是不平均的，有些单词注视时间长一些，有些单词注视时间短一些，有时甚至会略过一些单词。实验表明，阅读者对不常见单词比常见单词的注视时间更长一些，对助词、语气词等不重要的词的注视时间会少一些，对那些在句子情景中容易预见到的单词的注视时间会少一些。当一个词前面有一个不常用的词出现时，对这个单词的注视时间会延长。

针对阅读时读者眼动的过程，研究者提出这样一个假设：首先，阅读者要检查他们所注视的单词的使用频率，这是启动一次眼动程序的第一个步骤。接着,阅读者要辨认这个单词的字形、语音,提取单词的语义信息,这个步骤比检查单词使用频率的时间更长一些。单词的语义信息取出来之后,阅读者的注意力会自动转移到下一个单词。

有些单词是怎样被读者略过的呢?如果读者机械地处理完一个单词,接着把目光移向下一个单词,那么他就无法预知下一个单词的含义,也就不可能把它忽略掉。研究者进一步假设下一次眼动在对当前所注视单词的加工部分完成的情况下就已经启动了,这样就缩短了下一次眼动与当前单词加工完成之间的时间。如果下一个单词是短的、常见的或可以预见的,那么很快就可以完成对它的识别与理解,这个单词就被"忽略"掉了。读者实际上并没有跳过这个单词,只是对它的处理完成得足够迅速,前面的词还在被注视的时候,对下一个词的加工已经完成了。这个假设与眼动数据具有一致性,说明这个假设是正确的。

通常情况下,我们的视野集中在视网膜的中心位置,视网膜周边部位的感光细胞没有被充分利用起来。改善眼球的运动机能可以大大扩大视野,将一次定影收入视网膜的对象增多,阅读时读取信息的能力增强;可以更快更好地完成外周视觉加工,从而提高阅读效率。

眼肌训练可以加快眼动速度,改善眼球机能,扩大视野,提高一眼读取更多信息的能力。眼睛有6种眼肌:上直肌、下直肌、内直肌、外直肌、上斜肌、下斜肌。这6种眼肌共同作用,使外界事物在视网膜上正确成像。训练这6种眼肌可以使眼球运动更灵活,培养一目十行的能力,更好地发挥外周视觉加工的效力。

小练习

◎ 眼肌训练

首先,训练上直肌和下直肌。

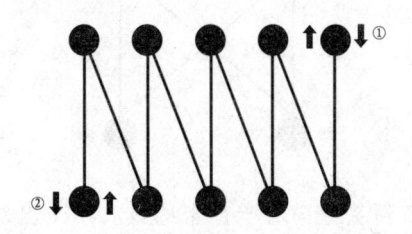

保持头部不动,只移动视线,沿箭头方向看卡片上的线。先从①出发,向②的方向移动视线,到达②再返回①,如此往返看10秒钟,每天做一次。

接着,训练内直肌和外直肌。

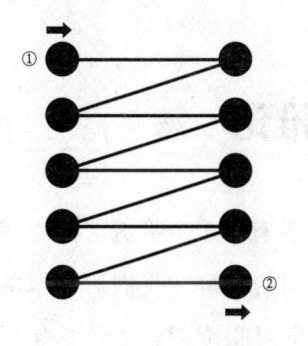

同样，眼睛沿箭头方向看卡片上的线。先从①出发，向②的方向移动视线，到达②之后重新回到①，重复刚才的动作。不要从②逆向返回①，因为我们的阅读顺序是从左向右。同样每次10秒钟，每天练习一次。

最后，训练上斜肌和下斜肌。

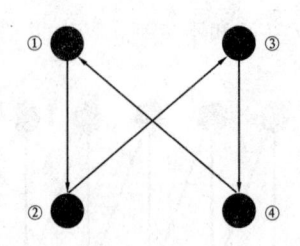

眼睛沿着箭头方向看卡片上的线。从①出发，按照①②③④的顺序移动视线，看到④之后，再把视线引向①。如此反复练习10秒钟，锻炼上斜肌。然后按照①④③②的顺序重复刚才的动作，练习10秒钟，锻炼下斜肌。每天做一次。

语义加工与推论

"有一千个读者就有一千个哈姆雷特"。看到同一篇文章，不同的读者会产生不同的理解。我们对文章的理解是如何发生的呢？这一节我们来学习阅读理解（包括句子的理解和段落的理解）的原理。

对句子的理解有两个层次的内容，第一个层次是对语法分析，即关注词汇的组合方式。第二个层次是对句子意义的分析，需要注意的是，句子的真正意义和句子的字面意义有时并不一致。

语法是把词汇组织起来的一系列的规则。作者与读者应该对语法有共识，他们之间才能顺畅地交流，这种语法才有意义。我们知道什么样的句子是允许的，什么样的句子是不被接受的。比如，"明天可能会下雨"这个句子的语法正确，是我们能够接受的，"明天雨下可能会"这个句子则违反语法规则，不能被接受。

即使作者使用正确的语法进行写作，我们在阅读的时候仍然会有难以理解的情况，因为有些句子的语法有歧义。比如"车子没有锁"。由于"锁"的词性不确定导致这句话产生歧义。如果是名词，这句话可以理解为车子的锁丢了或者坏了；如果是动词，可以理解为车子的主人没有锁上车子。"他要学习文件。"由于句子停顿不明确，致使这句话产生歧义，导致理解错误。如果在"要"后面断句，可以理解为他要看一份"学习文件"。如果在"学习"后面断句，则可以理解为他要学习某种文件，文件是学习的宾语。

关于理解句子的过程有两种理论，一种是序列加工理论，一种是平行加工理论。序列加工理论是指理解一个句子的时候，首先挑选一种语法分析，如果这种语法分析被证明是错误的，那么读者会挑选第二种语法分析，直到分析恰当为止。平行加工理论则认为多种语法分析是同时进行的。序列加工理论是模块化的，认为词汇提取早于语法分析，语法分析早于语义加工。平行加工理论则认为这几个模块之间是交互作用的，认为存在一个整合辨别词汇、语法分析和语义加工的单一的理解过程。

研究表明，阅读者对文章的理解取决于文章的难度和阅读的方式。如果文章的难度较大，采用默读的方法会使读者更容易理解文章所传递的信息。如果文章的内容比较容易，默读或者出声读，对理解文章内容没有太大的差别。如果一些句子由很多语音相似的词构成，阅读者对句子的理解水平就会降低。发音抑制不

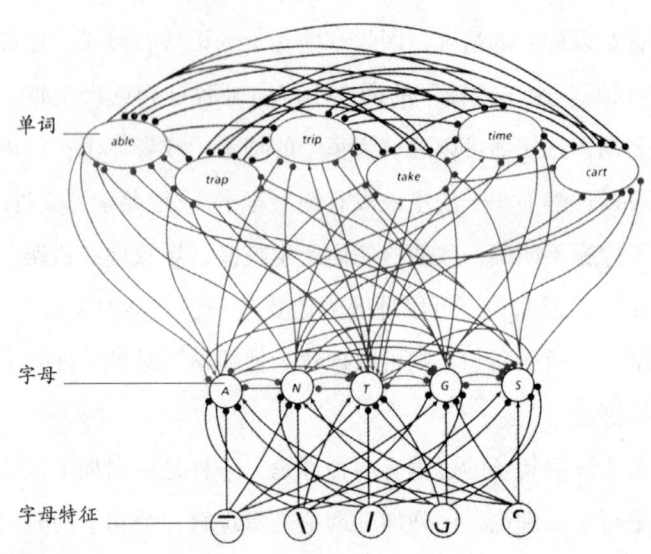

此图是詹姆斯·麦克莱兰和戴维·鲁梅尔哈特的词汇识别互动激发网络。这个网络显示了词语识别的3个层次：字母特征、字母和单词。字母特征、字母和词汇的识别是双向的过程。因此，如果一个人认识一个词，就会影响他识别这个词的字母特征和字母。

但影响阅读者对文章的理解，还会影响阅读的速度。默读比出声阅读的速度更快，因为默读不需要实际发声动作所需要的时间。

对段落的理解要有推论的过程，这是理解文章的核心。简单地说，就是联系上下文理解文章的意思。如果断章取义，就会曲解文章的意义。认知心理学家认为推论是理解过程的核心。因此阅读时要关注句子和句子之间的逻辑关系以及段落中隐含的意思。比如：

1. 王先生今天突然想抽支烟，于是出去买。
2. 他来到商店发现没带钱。
3. 他只好沮丧地返回家。

这3个句子之间是递进的因果关系，只看其中的每句话，都无法知道故事的整个过程。要想透彻地理解这段话的意思，你需要运用推论猜测出段落的隐含意思：王先生并不经常抽烟、买烟需要花钱、王先生总是丢三落四或者比较穷、王先生今天心情不好……这段话没有直接表述这些意思，通过推论我们可以使这段话的内容更丰富。

对文章语义的推论可以分为连接性推论和联想性推论两种。连接性推论是对文章当前部分与前面的内容建立一致的关系，比如根据前面两句话之间的联系，我们可以得出结论——买烟需要花钱。联想性推论是对文章的内容加以修饰，添加一些细节，比如由第二句话我们可以推论——王先生总是丢三落四或者比较穷。这是我们想象的推论，未必与事实相符。

阅读者一般进行的是连接性推论，这对理解文章的内容非常重要。连接性推论最常见的形式是通过首语重复进行推论，即一个代词或名词必须通过前面出现的某个名词或短语来识别它所指代的内容。比如，小李在这次比赛中获得了冠军，这是他梦寐以求的。这句话中的"这"指代的是"获得冠军"，"他"指代的是"小李"。做出恰当的首语重复推论，取决于代词与所指代名词之间的距离。但是，如果所指代的名词是文章的主题，那么距离的影响就不明显了。

要想透彻地理解一篇文章，需要读者积极地参与推论，以得出文章中没有直接给出的信息。在进行推论的时候，阅读者必然会根据自己已有的经验和知识发挥联想。比如，看到"那个学生从13楼跳下来"这句话，读者就会得出推论——那个学生会摔死。当看到"她在搅拌咖啡"这句话的时候，读者就会得出推论——她用的是勺子。这些推论都是根据基本的常识得出的，虽然未必一定和事实相符，但是这种推论可以使读者在头脑中产生一个完整的、合乎逻辑的画面。

第三章

通过不同的训练
拓展阅读速度

速读要训练眼力

眼睛看到的信息越多,大脑接收信息和处理信息的速度就越快。相反,如果阅读速度很慢,眼睛就会游移不定,你的注意力会因此而分散。这样不但会降低阅读速度,还会影响你对文章内容的理解。

一眼能识别的单词越多,阅读速度就越快。早在1830年,心理学家汉密尔顿就做了一个实验,他在地上撒了一把石子儿,发现人们很难在一瞬间同时看到6颗以上的石子儿。如果把石子儿2个、3个或5个组成一堆,人们能同时看到堆数和每堆的数目,从而注意到很多对象。

在阅读的时候眼睛需要相对放松才能识别更多文字。你乘火车旅行的时候可以做这样一个试验:在火车行进的时候,向窗外望去,眼睛不要被飞逝的景色所吸引,而要固定在一个点上,这时你会发现眼前的景物变得模糊不清。试着把眼睛的注视范围扩大,你会发现你所看的景物变得清晰,背景依旧模糊。我们在阅读时也有同样的现象,这就是我们在介绍阅读中的眼动时提到的"外周视觉加工"。

现在把手指放在书页的中间,眼睛盯住中间部位不动。这时你能看到什么?你所坐的位置和房间里其他的东西都会进入你的眼帘。这说明外周视觉加工可以帮你识别大量的信息。现在眼睛依旧停留在书页的中间位置,请你识别页边的词句。如果你做不到,可以轻微地动一下眼睛。一般人可以做到两眼识别一行文字,经过训练之后都可以做到一眼识别一行文字,也就是把外周视觉加工的范围扩大到一行。

传统的阅读方法试图辨认文章的单个字词,一次只关注一个单词,结果导致整个段落和整篇文章在大脑中留下的印象是支离破碎的。要想实现快速阅读,就应该扩大外周视觉加工的范围。通过前面章节提到的眼肌训练可以使眼部肌肉运动更加灵活,看三维图片的训练可以扩大我们的视野。当你能够一眼识别一行文字的时候,就能够很快把握每句话的意思。一眼识别的文章内容越多,视觉阅读就越简单。经过训练,你完全可以达到一目多行的阅读能力。

下面是一些乱码,用这些乱码可以训练你的外周视觉加工的

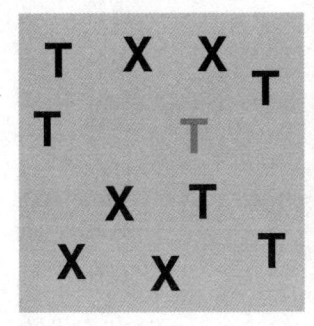

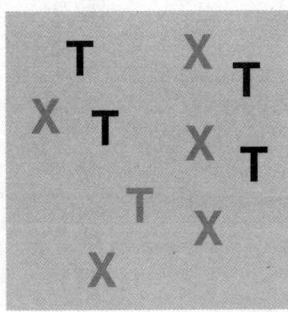

哪一幅图中更容易发现灰色的字母T?这样的视觉搜索实验为心理学家提供了一种客观的测试,这种测试模式也能被其他研究者所使用。

第三章　通过不同的训练拓展阅读速度　　45

能力。请把眼睛的焦点定在乱码中部的"——"上，然后写出两边的信息。需要注意的是，不要试图把眼睛从中间移开，就算你想看开头和末尾的信息，也要把目光放在"——"上。

Y——M

8WP——Rh5

K658f——B3Etv

9UJ4fcW——OD67a0q

42t7US51z——KE7R6hFL3

开始时看不清开头和末尾的数字或字母是很正常的。因为在经过训练之前，我们的视野范围不开阔，超过一定范围，就会形成视觉盲点。此外，你还会发现，右边能看到更多的内容。这是因为我们习惯了从左向右阅读文章，眼睛也是按照这个顺序运动的。我们期待知道后面的内容，因而右边的视野更开阔一些。

看下面这些词，把目光集中在中间的词上，尝试识别所有的词：

梦想	窗帘	建筑
考试	留恋	也许
凭空	终于	水杯
明天	草原	友谊
蓝色	散步	任何
浪漫	金鱼	从此
偶尔	搜索	参加

这些词之间没有任何联系，但是相对于上面的乱码来说更容易阅读。

在阅读文章的时候，单词之间是相互联系的，共同组成一句话，表达一个意思，同时阅读多个单词就更容易了。请欣赏余光中的《乡愁》，同样把目光集中在中间的部位。

小时候

乡愁是一枚小小的邮票

我在这头，母亲在那头

长大后

乡愁是一张窄窄的船票

我在这头，新娘在那头

后来呵

乡愁是一方矮矮的坟墓

我在外头，母亲呵在里头

而现在

乡愁是一湾浅浅的海峡

我在这头，大陆在那头

舒尔特表是训练眼力的很好的道具，它可以使视神经末梢得到锻炼，达到扩大视野的目的。舒尔特表就是一系列矩阵图，级别较低的是 3×3、4×4、5×5，即 9, 16, 25 个格子，格子里是打乱的数字或者文字，练习的方式是在最短时间内将数字或文字按照顺序依次挑出。花费时间越短，说明你的反应速度越快，视野越宽广。平均1个字符用1秒钟成绩为优良,即9格用9秒、16格用16秒、25格用25秒。当你为了达到如此简单的目标时,应该把视觉焦点集中在中间的格子上,提高注意力,向周边搜索信息。比如:

2	9	7	16	4
15	18	13	11	22
6	20	5	24	3
10	14	8	19	23
12	1	21	25	17

心理学上用此表来研究和发展心理感知的速度,其中包括视觉定向搜索运动的速度。

这个练习可以培养对阅读材料的专注度,可以拓宽视野,加快眼睛运动的速度,还可以提高视觉的稳定性、辨别力和定向搜索能力。

用舒尔特表练习的时间越长,看表所需的时间会越短。随着练习的深入,眼球的末梢视觉能力就会得到增强。

经过一段时间的练习,可以有效地拓展视野,加快阅读节奏,锻炼眼睛快速认读。即使进入提高阶段之后,这种表格也可以训练同时拓展纵横视野的能力,达到一目十行、一目一页的效果。

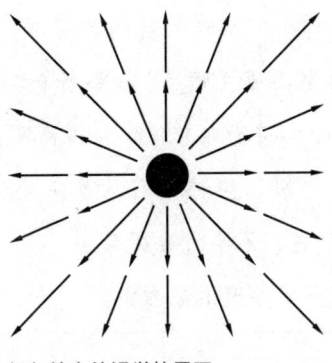

舒尔特表的视觉扩展图

小练习

用舒尔特表格训练眼力,从9格开始练习。刚开始练习时,达不到标准是非常正常的,不要急于求成而使学习热情受挫。感觉熟练或比较轻松达到要求之后,再逐渐增加难度。视野较宽、阅读能力较高的读者,可以从25格开始练习。随着阅读能力的提高,还可以自己制作36格、49格、64格、81格的表。

为了避免反复用相同的表产生记忆,你可以自己动手制作不同难度、不同排序的舒尔特表,规格大致为边长20厘米的正方形,1套制作10张表。除了用数字之外,也可以使用汉字,但是一定要选择自己熟悉的文字。

训练方法如下:

1. 眼睛距表30～35厘米,视觉焦点放在表的中心。

2.在所有字符全部清晰入目的前提下，按顺序(1～9，A～I，汉字应先熟悉原文顺序)找全所有字符，注意不要顾此失彼，因找一个字符而对其他字符视而不见。

3.每看完一个表，应该闭目休息一会儿，或做眼保健操。每天看10个表，不要过分疲劳。

4.练习初期不要考虑记忆因素。

做到一目十行的技巧

说到"一目十行""过目不忘"，也许你认为那是不可能的事，或者你会认为那是少数天才具有的本领。其实，一目十行并不神秘，也不是少数人的专利。只要掌握正确的阅读方法，经过训练之后，具备阅读能力的人都有可能做到一目十行。

一目十行类似于走马观花，虽然"马"走得快，但是"花"也要看清楚。如果一扫而过，对看过的东西没有任何印象，就达不到阅读的效果。

因此不能过于注重速度，而忘记了找出信息。用一目十行的方法查找某些特定内容最为便捷和有效，它可以用最少的时间和精力快速发现目标。

下面是训练一目十行的一般方法：

1. 静坐，保持深长的呼吸。可以采取佛教的数息法或者瑜伽观想法，目的是让心灵平静下来，使大脑完全清醒。因为一目十行的原理是眼脑直映，即把眼睛看到的东西直接影射到大脑中，这靠的是右脑的思维。开发右脑的最好的办法就是让大脑放松到最原始的状态。

除了静坐和呼吸，你还可以使用自我催眠法和全身放松法，使身体达到放松的状态，舒缓紧张的情绪。

2. 集中精力凝视一个小东西，然后扩大视野。用尺子在书上画出许多竖线，将一行分为若干等分，开始的时候可以把每4个字分为一组。这样可以提醒你不要一个字一个字地看，而要4个字、4个字地看，不要读出声，也不要默读，不要管是否读懂了，是否记住了。你的任务只是用眼睛看！

你还可以在书页的四个角上画4个黑点，用"Z"字形或"N"字形的顺序沿四个点快速看。慢慢地，你看东西的速度会越来越快。

3. 眼脑直映，让眼睛变成摄像机。你可以在日常生活中进行训练，用眼睛扫一眼周围的景物，然后马上闭上眼睛，回忆自己刚才看到了什么景象。观看的目标可以是一片草地、一朵花，或者路边的广告牌、宣传海报，还可以是人的面容等。看过之后闭上眼睛，让刚才看到的景象在脑海中重现出来。景象越清晰，效果越好。

需要注意的是，不要刻意地看，而是不经心地扫一眼。这样可以训练眼睛的反应速度，让眼睛变成摄像机，将所有眼睛看过的东西录下来。经过前面的残像训练，这一步应该可以轻易做到。

你还可以准备一些简单的图形卡片，在心灵平静的状态下，只看这些卡片一眼，立刻闭上眼睛，使脑海中浮现这些图片的影像，然后根据脑海中的影像说出这些图片的每一个细节。在心灵平静的状态下，用眼睛注视一段文字，不要去读，也不要去思考，更不要去记忆。闭上眼睛，使这段文字浮现在脑海中，根据文字在脑海中的影像读出这段文字。

4.扫视练习，也就是浏览和泛读。用手指或笔指着书本上的文字一行一行地往下移，带动眼睛飞快地阅读。不要思考眼睛看到了什么，看完一页后把书盖上，然后回忆书上写了什么内容。

开始的时候，可能回忆不起多少内容，但练习时间长了就可以做到70%～80%。如果前面几步得到很好的训练，这一步自然水到渠成。

一目一行阅读能保证较好的理解度之后，逐步加多文字的数量，直到能一目一页文字，过目不忘为止。选一本非本专业的书，一页一页地注视，一页一页地复述。当训练得准确无误时，这个能力你就算掌握了。

一目十行的阅读方法最适合用来查找东西或筛选信息。比如，在进行检视阅读的时候，你想在一本书中找到关于某个问题的精彩段落，经过这种训练的人在两三分钟内就能找出来。

掌握这种方法之后，你可以在10分钟之内看完一本书，并且能说出大概内容。但是，这种方法显然不适合分析阅读，做研究或需要发掘文章深层含义的时候，一目十行就没有什么意义了。在阅读文学作品的时候，如果你的目的是欣赏，就请放慢速度仔细品味。

现在每天有成千上万的信息对我们进行"狂轰滥炸"，这些信息中有精华，也有糟粕，有我们需要的，也有不需要的。掌握了这一目十行的本领就可以快速了解文章信息，并分辨出文章的价值，以免浪费自己的时间。

小练习

准备一个阅读器和一盒录音带。阅读器是辅助你阅读的简单工具，可以是手指、筷子、铅笔或钢笔。通过移动它，可以使你的注意力集中在书本的文字上，保证目光不在别的地方游移。

录音带是用来计时的，先录3分钟的静音，然后说"停"或者响铃；再次静音3分钟，再次说"停"。这样设定5次，也就是你要练习15分钟。当然，如果不方便使用录音带，你也可以请朋友或家人帮你计时。

第一个3分钟，每次只读一行。把阅读器放在每行下面，进行快速阅读的同时保持良好的理解度。

听到"停"之后，开始每次读两行，每两行放置阅读器。这时你的目的是找出信息，而不是看清所有的词。

3分钟结束后，开始每次读3行，你的目标仍然是找到足够多的信息，不要试图浏览所有的词。扩大视野，看清书两边的空白部分，匀速移动阅读器。

第四个3分钟，开始一次读4行。这时你应该体验到什么是用眼睛阅读而不是用耳朵阅读，你开始找到一目多行的感觉。

第五个3分钟，开始一次读5行。这时你可以用眼睛扫视一段话的内容，找出其中的关键信息。

最后，返回头来重新以最快的速度一次读一行，并保证良好的理解力。

体会一下现在的阅读与刚开始阅读的不同，你会发现你能够更轻松地一眼识别一行文字，很快把握住文章的关键信息，并享受阅读带给你的乐趣。

尽量减少逗留与回顾

很多人在阅读的时候有逗留和回顾的习惯，有些人还会有跳跃的习惯。逗留就是看过一个词之后，不把目光移向下面的内容，而是停留在原来的地方；回顾是指阅读两三行之后，目光返回到原来的地方重新阅读；跳跃是指在阅读过程中，没有缘由地跳到后文，导致遗漏一些信息。逗留、回顾和跳跃是注意力不集中和对速读没有信心的结果。

逗留和回顾是快速阅读最大的敌人。在速读过程中出现逗留现象纯粹是浪费时间。因为你的目的是尽快获得信息，而不是进行研究或欣赏。在阅读过程中，如果觉得自己没有理解或没有记住前面的内容，可以通过再读一遍的方式来确保自己的理解和记忆正确。

所有速读课程都需要先矫正人们在阅读时逗留和回顾的毛病。因为绝大部分人自从小学三四年级学会阅读之后，就一直用耳朵阅读——一个从文字到声音，再到语义的转变过程。人们习惯了这个阅读方式，不是一天两天就能转变过来的。

逗留是传统阅读方式的后遗症，没有受过速读训练的阅读者在阅读一行文字的时候会在五六个地方发生逗留。停顿的次数越多说明每次停顿所看到的信息越少，因为眼睛在移动的时候是无法接收到信息的，只有在停顿的时候才能看到。这样导致阅读者每次只看到两三个字。显然，如果每次停顿的时间过长，会使阅读速度更慢。

要想改掉逗留的毛病就要继续前面两节介绍的训练眼力和一目十行的练习。这个转变需要一个过程，不要急于求成。你可以从一眼看两三个字变为一眼看半行，进而发展到一眼看一行，循序渐进，逐渐练习一目一段，一目一页的本领。

遗憾的是,在开始进行速读训练的时候,很多人适应不了一目一行、一眼吸收较多信息的阅读方式。他们怀疑自己的眼睛,总感觉自己没有看清阅读过的内容,没有充分理解或记住读过的内容,不自觉地返回头去阅读刚刚看过的内容。

研究发现,这种回顾的现象占了整个眼跳的 10% 左右。由此可知,如果我们尽量减少回顾的次数,就会使阅读速度大大提高。

要想改掉回顾的毛病,首先你要树立一个观念——我们的眼睛和大脑是惊人的工具,它们不需要一次只读一个字或一个句子。

传统的阅读方式是大材小用了,用眼脑直映的方式进行速读,你能够在一瞥之间获得一个段落或一页文章的信息。只要眼睛能够接收到这些信息,你的大脑就会对信息进行处理。

第四章

快速阅读时如何理解

学而不思则罔

阅读影响思考，思考反过来也会影响阅读，二者相辅相成。只有经过思考，才能在阅读过程中获得真正有价值的东西。我们必须在广泛阅读的基础上才能通过思考做出正确的判断和决策。2000多年前的大教育家孔子曾经说过："学而不思则罔，思而不学则殆。"一针见血地指出了阅读与思考的辩证关系。

所谓"学而不思"就是阅读书本信息而不动脑筋思考，只是死记硬背，而不加以理解消化，就像吃饭而不加以咀嚼，囫囵吞枣；虽然得到了信息，但是难以吸收，不能化为己有。有些人读了很多书，但是却不能融会贯通，更不能灵活运用，自己的大脑成了别人思想的跑马场。这些人就是我们常说的死读书的"书呆子"。

正如哲学家叔本华说："许多人整日读书，很少思考，其独立思考的能力逐渐丧失。这就像老是骑马的人，逐渐忘记了走路。这是许多学人的悲剧：书越读越多，人越来越蠢。"读书不思考，就不能对书中的内容心领神会，得到的一些浅薄印象会稍纵即逝。

所谓"思而不学"就是闭门造车，冥思苦想，而不从书本中获取信息和知识。有些人喜欢思考问题,但是自恃聪明,甚至看不起前人的知识成果,不屑于学习书本上的知识。他们不借鉴前人的成果,必然会走很多弯路,最后不得不重新学习书本上教导的方法。如果不吸收书本上的信息,自己盲目探索,就好像放着前人开辟出来的道路不走,妄图自己披荆斩棘重新开辟一条道路。其实,他们是把前人走过的路再走一遍,也许穷其一生都无法走完。通过阅读,你就可以知道古今中外所有对人类发展做出重大贡献的人给我们提供的宝贵知识和经验。

这两种情况都没有处理好阅读和思考的关系。正确的做法是一边读书,一边对书上的内容进行思考,并得出自己的观点和见解。

我们一般会本能地把与我们无关的事物虚无化。比如,你约好了一个朋友在咖啡厅见面,你准时来到咖啡厅,环视四周之后你发现你的朋友还没有来,对咖啡厅是否坐着别的客人,你毫不关心。你在寻找什么,你就能首先发现什么。这个道理也可以适用于阅读的过程。书本上的内容会指引你关注某些信息,通过作者的视角,你会看到一些新鲜的事物。

大脑中存储了你以往所有的知识、经验和观点。基于这些信息,你对某个人或某件事做出自己的评价,确定自己的态度,做出自己的选择。但是,你的态度和选择未必是正确的,思考在阅读中发挥的作用与此类似。如果你对某个人或某件事抱有偏见,你就会不自觉地希望自己的观点得到证实。你会寻找那些能够证明你的观点正确的信息，回避那些与你的观点有冲突的信息。

阅读过程的许多步骤是在潜意识里完成的，比如我们前面介绍过的大脑会根据已经读过的内容自动选择下一个定影点。阅读一篇文章之后，虽然你不能一字不差地记住原文，但是大脑已经把信息用浓缩和抽象的形式存储在记忆系统中，你可以回忆出一些主要内容和其中的关键信息。通过思考，我们可以从作者写的字面意思推测出作者没有写出来的内容。

优秀的阅读者绝不会停留在对作者观点的简单接受的层面上。他们会不断质疑所读的内容，试图弄明白作者为什么说那些话。他们不会轻易放过任何一个自己不懂的地方。如果理解不了，他们就会找到问题的所在反复阅读，以求得到深入的理解。大脑可以把通过阅读获得的新的信息与记忆中存储的信息联系起来，并进行分类比较。在你意识不到的情况下，新的信息与旧的信息就发生了联系。大脑在旧信息基础上对新信息做出评价、判断和归类。

阅读的时候，我们的大脑会自动完成对信息的吸收、处理和存储。日后看到相似的信息，记忆库中的信息就会被提取出来，帮助我们做出判断和选择。无论是在工作中、学习中，还是生活中，所有的思考都要以充足的信息为前提。这些信息的来源则是各种阅读材料。只有大量的阅读，才能保证你朝着正确的方向思考。

我们平时思考问题的时候，都是站在自己的角度来观察和理解周围的人或事。这样难免会陷于狭隘，因为你不关心别人的想法和感受。你对事物的看法受限于自己的知识和经验。随着知识的增加，社会阅历的丰富，你对事物的看法也会发生改变。阅读是使你扩展视野，开阔思路的最好的方法。比如，一些政治、经济、国际关系等宏观的问题，我们只能通过阅读进行了解。

王国维在《人间词话》中提出的读书三境界的说法已经风靡百年了。第一境界：昨夜西风凋碧树。独上高楼，望尽天涯路。第二境界：衣带渐宽终不悔，为伊消得人憔悴。第三境界：众里寻他千百度，蓦然回首，那人却在灯火阑珊处。我们可以把第一境界看作阅读和思考的开始，把第二境界看作阅读与思考结合的过程，把第三境界看作阅读与思考结合的必然结果。

没有理解的阅读不是真正的阅读

莎士比亚说："书籍是全世界的营养品。生活里没有书籍，就好像没有阳光；智慧里没有书籍，就好像鸟儿没有翅膀。"要想吸收书籍中的营养，就要充分理解书中的内容，把握作者的思想。

你有没有这样的经验？当你一鼓作气读下去的时候，由于走神或者受到干扰，你发现自己并没有理解前面的内容，越往下读越看不明白，只好返回去重新读一遍。在没有理解的情况下继续往下读，很可能会读不懂，或者发生误解。因此，当你发现不懂的地方，不应该一味地读下去，而应该找出不懂的原因和你丢失的信息。这类似于我们在一片森林中行走，作者的思路就像森林中的路标，引导我们走出森林。当你不能理解作者的意思的时候，就找不到路标了，就会在森林中迷失方向。这时你应该找到丢掉的路标，不要盲目试图穿过森林。否则就会造成肤浅的理解，甚至误解作者的本意。

作者写作是编码的过程，读者阅读是解码的过程。如果读者不能正确理解作者的意思，就会在解码过程中出现问题。这个过程好比作者用单词作为砖块构建了一座房子，然后把房子拆成一块一块的砖头传递给读者，再由读者重新组建成房子。只有读者完全理解作者的意思，才能使房子呈现出原来的样子。如果读者在重建过程中丢了砖头，或者弄错了砖头的排列方式，就会歪曲作者的意思，即使重建了一座房子也与作者原来房子的建筑结构不相同。

要想重建一座与作者原意相符的房子，首先要理解文章主题和内容。理解文章的主题也就是要掌握文章的中心思想和作者的主要观点。只有这样，才能对文章有一个本质性的了解，才能保证读者重建的房子与作者的建筑风格一致。文章的主题一般在开头和结尾有简单的介绍。如果你对作者的主题感到陌生，理解起来就会感到困难，需要付出一定的努力。

文章的内容包括文章的段落和细节。只有理解了文章的内容，才能保证房屋的框架和结构与作者原来的房子一致。有些读者过分纠缠于文章的细节内容，导致阅读速度太慢，停滞在文章的某个部位，无法了解文章的全貌。通过从整体到局部再到整体的阅读方法，你可以把握文章概要和大体思路，从而避免出现"不识庐山真面目，只缘身在此山中"的情况。

要想理解文章的内容，一个重要的诀窍是抓住文章的关键句子和关键词。段落的中心句子一般在一段话的开头或结尾。有时作者会用自己独特的方式遣词造句，写出一些超出常规理解范围的句子。如果没有紧接着做出解释，你只能继续往下读。有时你可能还会碰到含糊不清或逻辑混乱的表达，给你的理解造成困难。不过，这种情况并不太多。

站在作者的角度理解文章，可以更好地理解文章的意思。当你细细体味作者的情感和意图，并带着感情投入到阅读过程中的时候，你就能理解为什么作者会有那样的观点和感受。因此在阅读文章之前最好了解一下作者的一些基本的情况，比如家庭背景、教育背景、写作风格、主要经历和主要思想等等。

质疑是深入理解文章的钥匙，如果你对文章的内容有疑问，不要轻易放过，解决问题之后，你对文章的理解就加深了。如果读一遍还有一些不明白的地方，那就再读一遍，重读可以增加对文章的理解。有些人自己感觉读懂了文章的内容，可是在回答问题的时候，又说不上所以然来。其实，他们并没有弄明白作者的真正意思，以及作者为什么那么说。优秀的阅读者还应该在没有疑问的地方提出疑问，在有疑问的地方解决疑问。这样才可以更加透彻地理解文章的意思。对问题分析得越透彻，对文章理解得就越深入，你学到的东西也就越多。

提到理解的问题，大多数人会强调精读，但是读书也可以"不求甚解"。在这个信息大爆炸的时代，我们没有时间精读所有的书。有的书需要细嚼慢咽，有的书可以囫囵吞下，有的书可以浅尝辄止。如果采用"不求甚解"的态度，就可以在一定时间内读更多的书，以便获得广博的知识。此外，并非所有的书都有用，那些对自己没有太大用处的书，就没有必要花费时间和精力。

没有理解的阅读不是真正的阅读，而是浪费时间。只有你自己清楚你是否对文章的内容充分理解了。前面我们已经提过如何检验自己对文章的理解力，除了写出文章的概要之外，更重要的衡量方法是看你能否在现实中应用你从书本上学到的东西。如果你能够在现实生活中自由应用，说明你已经充分理解并完全掌握了。

在阅读理解的基础上高效学习

学习之前，首先应该明确学习的目的和动机。无论是在老师的指导下学习，还是学生自学，学习的目的都应该是为了获取知识，在实际生活中运用所学的知识为自己、家人和社会服务。但是有些学生学习纯粹是为了应付考试，学习的动机只是为了拿到学分。抱着这样的态度学习，学完之后很快就会把知识遗忘。你应该相信，现在学到的东西将来总能派上用场。

学习的途径主要是通过阅读。据统计，大学学业任务的70%~80%都是阅读。但是在学习过程中，大部分学生仅仅阅读老师指定的资料，然后在考试之前进行突击复习。复习只是学习过程中的一个环节，但是很多学生把大部分时间用在了复习上。

那些学习成绩好的学生往往并没有付出太多的学习时间，而是掌握了更有效的学习方法。方法决定学习效果，如果掌握了高效学习的方法，每个人都可以成为饱学之士。兴趣、专注和重复是高效学习的3个关键因素。

兴趣是最好的老师，高效学习应该建立在对所学内容感兴趣的基础上。对于你原本不感兴趣的东西，你可以尝试发掘其中的乐趣。在兴趣的引导下，学习会变成非常愉快的过程。没有任何一个学科是完全没有乐趣的。你可以问问自己这些知识是如何影响生活的，在生活中是如何应用的——没有任何一种学问完全与你的生活无关。

在学习过程中，阅读理解的技巧发挥着重要作用。分清主次信息、理清思路、推断结果等技巧都需要理解力。理解文章的内容，你就明白了事情的来龙去脉和前因后果，了解了事情之间的相互联系。当你能够透彻地理解文章的内容时，你就能体会到学习带给你的快乐和成就感，就会对学习更加感兴趣。

要想提高学习的专注度，应该掌握好学习时间。首先，劳逸结合比不间断地学习效果更好。最高效的学习时间安排应该是集中精力学习20~40分钟，然后休息5~10分钟，然后用2~10分钟复习刚刚学过的内容。反复地复习可以让你把知识掌握得更加牢固。

在一个学习时间段里，一次性读完一章内容比只读其中的一部分更容易掌握。各个部分内容之间有一定的逻辑关系，把握住逻辑关系就更容易理解文章的内容。因此在阅读时应该按照逻辑关系划分学习单元，每个学习单元掌握一个主题，而不是按照学习时间来划分学习单元。

一份有效的时间规划可以大大提高学习的效率。很多学习上的问题都是由于缺少一份合理、有效的时间规划造成的。你应该把你需要做的事情一一列出来，衡量每件事的重要程度。先给自己足够的时间完成最终要完成的事情，然后再分配剩下的时间。做好计划之后，就要严格执行。做好时间规划之后，你就能从容地应对学习上的问题，学习起来也就更容易集中精力。

凡事欲速则不达，在刚刚开始学习的时候不要急于求成，如果一开始就以很快的速度阅读，就会遗漏信息，对以后的学习造成困难。在预览全文之后，应该缓慢而细致地阅读材料，然后逐渐加快速度，慢慢掌握高效阅读的节奏。

高效学习来源于重复，复读可以增进理解。有些资料看一遍很难完全吸收，必须阅读多遍才能更好地掌握。有人可能会觉得自己没有时间读很多遍，其实你没有必要每次都用相同的方式阅读。第一遍阅读，你应该快速浏览全文，了解文章的主题、概要和主要观点，为进一步阅读做好准备。第一遍阅读完毕之后，你可以问问自己已经学到了什么？还可以学到哪些内容？你可以把自己想要了解的内容和对一些问题的疑问列举出来，带着这些问题进行更深入的阅读。

　　第二遍阅读应该仔细而深入地阅读，全面理解文章的内容。用点、下划线或竖线等标记画出文章的重点。你还可以在书页的边缘写上注释和问题，方便自己在以后复习的时候知道哪里需要重视，哪个问题还没有解决。有了这些标记，你就能更有效地对文章进行复习。

　　第三遍阅读要尝试找出内容之间的联系，弄清楚各部分内容是如何协调组织起来的。检查一下是否有遗漏的信息，确定自己完整而正确地理解了文章的内容。这个阶段是对所学信息进行记忆的阶段，记忆的最佳方式就是充分理解信息，并把所学信息与已知信息联系起来。找到的联

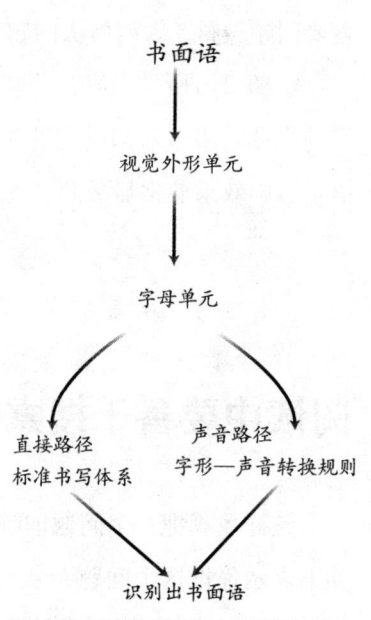

书面语
↓
视觉外形单元
↓
字母单元
↙　　↘
直接路径　　声音路径
标准书写体系　字形—声音转换规则
↘　　↙
识别出书面语

此图是麦克斯·科尔特哈特的阅读示意图。双路径模式是另一种词汇识别理论，其中直接路径是视觉，声音路径包括大声朗诵阅读（用耳朵阅读）。

系越多,记忆效果越好。最后通过思考把信息重新组织起来,把学到的内容真正变成自己的东西。

理解和记忆最好的办法就是把所学的东西在实际中运用起来。如果你想记住所学的东西,你必须运用它,只有在实践中它才能真正变成属于你的东西。如果你学的是数学、物理、化学等技术性的知识,就要勤做课后习题,通过做题检验自己是否掌握了所学的东西。如果学的是语言、技能等实用性的知识,就要在实际操作中检验自己的学习成果。如果在运用过程中出现问题,就要回顾教材,及时解决问题。

定期复习所学内容,及时回顾笔记,可以巩固所学知识。复习的次数越多,对知识理解和记忆的效果就越好。这种方法在外语学习中效果非常显著。

阅读中要善于搜索信息

怎样才算把一个问题理解透彻呢?看懂一本书上的一个观点并不表示你把这个问题弄懂了。你应该搜索与该问题相关的更多信息,通过分析比较,得出全面的客观看法。你可能想到了前面我们介绍的阅读层次中的第四个层次——主题阅读。尤其是对于那些做专题研究的人来说,这个层次的阅读非常重要。

在每个领域都有百家争鸣的现象，针对同一个问题，不同的专家会有不同的观点。只有通过比较、辨别，你才能更完整地理解一个问题。因此要搜索相关的信息，获得充分的参考资料。在搜索信息的过程中，要对你首先发现的观点抱有怀疑的态度，要用宽容的心态接纳与它相反的观点。只有这样，你才能通过对比得出自己的观点。

我们上学时都是按照一本权威的教材进行学习的，这些教材都是各个领域的权威专家整合各方的观点和意见组织编写的，章节之间表现出高度的一致性。但是当你看到一些参考书的时候，你会发现作者们对一些问题存在很多不同的观点，即使在权威专家之间也有很多的争议。能够达成一致意见的只是其中一些最基本的知识和理论，其他很多观点都没有定论。如果你想对一个问题有充分的了解，就不能只听一家之言，而应该参考多方的意见。

首先，你要做一个参考书目和文章的列表。去图书馆查阅那些与你要研究的主题相关的书籍和报纸杂志。你可以使用主题或作者索引从图书馆的信息系统中找到相关信息。当然，你可以借助更加便捷的网络资源，通过搜索引擎查找相关资料。此外，你还要参考百科全书、词典等工具书，解决在阅读过程中遇到的生僻字词或专业术语。

在查找参考书目的过程中，读者经常犯的一个错误就是不能尽可能多地搜集信息，找到一两本书就停止搜索。那一两本书的观点并不能代表一个领域所有专家的意见。如果你没有搜索到足够的信息就匆匆停止搜索,很可能会遗漏一些影响你的态度的关键性信息。因此参考书目的列表要尽可能完善。

其次,除了数量的问题,还有信息质量的问题。你所搜索的信息应该有充足的理论依据或实践证明,最好是这个领域里面权威人士的观点。权威人士提出的观点一般是自己长期研究的结果。如果你找到的资料没有充足的理论支持,而且不是这个领域重要人物的观点,很可能是人云亦云,或者是凭空设想的观点。这样的资料没有什么参考价值。这时要用检视阅读快速浏览你的参考书籍,从书目列表中删掉一些没有太大价值的书籍,把书目简化到一个合理的程度。

知识不是固定不动的,而是不断更新,不断发展的。人们通过不断的研究、探索,提出新的见解和解决问题的新方法。每个领域的知识都浩如烟海,只有深入到其中探索这个领域的奥秘,才能发现其中的乐趣。浅尝辄止的态度让你无法进行深入的研究,也就不能对文章内容进行透彻的理解。

最后,博采众家之长,把搜集来的信息加以组合,进行主题阅读,对这一主题形成整体的认识。这需要你从与主题相关的大量书籍、期刊和杂志中,找出关于这一主题的主要观点,分离出有分歧的观点;分别深入研究不同的观点,找到不同的观点立论的根据。

第五章

掌握科学技巧，记住更多信息

我们是怎样记忆的

从现代的信息论和控制论的观点来看，记忆就是人们把在生活和学习中获得的大量信息进行编码加工，输入并储存于大脑里面，在必要的时候再把有关的储存信息提取出来，应用于实践活动的过程。因此记忆有3个过程：编码过程、贮存过程和提取过程。这3个过程分别表现为对信息的识记、保持和再认。

识记是指识别和记住信息，掌握事物的特点和事物之间联系的过程。它的生理基础为大脑皮层形成了相应的暂时神经联系的过程。根据目的性，识记可以分为有意识记和无意识记。有意识记是指有明确目的，运用一定的有助于识记的方法，需要意志努力的识记；无意识记是指没有明确目的，无须借助任何有助于识记方法，也不需要意志努力的识记。根据是否理解信息的内容，识记可以分为机械识记和意义识记。机械识记是指只根据材料的外部联系和表现形式，采用简单重复的方式进行的识记；意义识记是指通过理解材料的意义，把握材料内容的识记。

影响识记的因素有材料的性质和数量、学习的目的、情绪和态度以及识记的方法。如果学习的材料比较艰深难懂或者数量比较多，就不容易识记。如果学习的目的明确，学习态度积极，就比较容易识记。要想提高识记的能力还要掌握识记的方法，主要包括整体识记法、部分识记法和综合识记法。

保持是指知识经验在人的头脑中贮存和巩固的过程，识记的信息通过中枢神经与神经元之间的暂时联系以痕迹的形式留存在大脑中。对信息的保持不是静止不动的，而是动态变化的，当大脑无法保持信息的时候，就出现了遗忘现象。影响保持的因素有识记材料的性质和作用、识记材料的数量和排列顺序以及学习的程度。材料中的主要内容及显著特征比较容易保持。材料的首尾容易被记住，中间部位容易被遗忘。学习程度要适度，不足或过度都不会有很好的学习效果。

再认是对信息的提取过程，表现为暂时联系的再次活跃。记忆的过程就是通过识记和保持来积累知识经验，通过再现或再认来恢复过去的知识经验。在再认过程中，大脑的联想机制发挥着重要的作用。比如，看到银行我们立刻联想到钞票，看到蓝天我们立刻联想到白云。再认常常以联想的形式出现，因此在识记时进行联想可以帮助我们以后再认相关信息。比如，当你认识一个新朋友的时候，如果把他的姓名与容貌、性格、工作、职位等信息联系起来，以后看到他或提起他的工作的时候，就可以记起他的名字。

再认的过程就是我们平时所说的回忆的过程。根据其目的性，回忆可以分为有意回忆和无意回忆。再认的速度和强度主要取决于对识记内容的巩固程度和刺激物与识记中的事物的关联程度。

记忆的3个过程是紧密相连的,没有识记就谈不上保持,没有保持就无法实现再认。识记和保持是再认的前提,再认是对识记和保持的强化和巩固。

从保持的时间角度来看,记忆可分为瞬时记忆、短时记忆、长时记忆。

瞬时记忆是指当客观刺激停止后,感觉信息在一个极短的时间内保存下来的记忆,也叫感觉记忆。比如注视台灯灯丝半分钟,突然拉灭灯,眼前仍出现钨丝的光亮形象。这种记忆的作用是记忆系统在对外界信息进一步加工之前的暂时登记,为进一步加工做准备。

短时记忆是指一分钟之内的记忆,也有人称其为工作记忆。比如,别人告诉你一个电话号码,你能很快记住它并按照它去拨号,但打过电话之后,再回想那个号码,却想不起来了。当你数一沓钞票时,数到一半的时候如果有人跟你说话,你听他说完之后,你可能记不清数到多少张了。这种记忆是瞬间记忆和长时记忆之间的缓冲器,是一种把瞬时记忆中的信息转换到长时记忆中去的信息加工器。

长时记忆是指存储时间在一分钟以上的记忆,可以是数年甚至终生难忘。我们在阅读文章之后回忆起文章的内容,就属于长时记忆。这种记忆帮助我们长久储存信息。

既然记忆已经在脑中形成并储存,那么人们为什么又会有遗忘的情况发生呢?科学研究表明,当记忆信号被储存于神经元细胞,中枢神经系统和神经元细胞之间会生成暂时的连接,记忆信号被中枢神经系统通过这样的通道被传送、读取。但是,连接不会一直存在,它会随着时间的流逝逐渐减弱直至消失。这种暂时连接在一起的记忆信号就是短期记忆。当连接消失时,中枢神经系统与神经元细胞之间的通道被切断了,大脑也就无法读取这一记忆信号。

这时虽然记忆信号仍旧储存在大脑中的神经元细胞里,但是由于无法读取,这段记忆就成了丧失的记忆。如果在连接消失之前,同样的记忆获得再次读取,连接就能得以加强。多次反复读取同一记忆信号,直至连接变成永久通道,不再随着时间的推移而减弱,这种永久通道联系的记忆信号就是长期记忆。这就是复习会增进理解和记忆的原因。

人类文明发展过程中积累了无数的精神财富,要想把这些内容都变成长期记忆对每个人来说都是不现实的。因此为了把有价值的记忆长久保留下来,我们以文字和图像的形式通过纸张、光电、磁介质或全息介质把记忆保存起来。其中书籍和报刊是很重要的形式,我们要想获得这些信息就要通过反复阅读加强记忆。

保持长期记忆的方法

对读物的记忆情况是检验阅读能力的重要指标之一。阅读记忆就是指对读物内容和形式的识记、保持和再认的过程。

瞬时记忆帮你记住刚刚看过的内容,把前后文的内容联系起来。这种记忆的信息容量不大,一个人没有经过专门训练只能在极短时间内记住 5～7 个信息单位,而且这种记忆很不牢固,精力稍有分散便忘光了。因此,在阅读过程中,如果不能集中精力,就会遗漏信息,导致前后文无法顺畅地理解。

在各个领域取得重大成就的人都很注重阅读中的记忆力。记忆力好的人甚至可以做到过目不忘,这一点大大提高了他们的阅读效率,从而能够快速吸收到大量信息。无论是在学习知识的时候,还是在生活和工作的过程中,快速高效的阅读和超强的记忆能力都让他们处于不败之地。

值得庆幸的是,记忆能力不是天生的,可以通过锻炼得到加强。经过训练,大脑就能够以极快的速度大量吸收信息。提高阅读时的记忆力,首先要明确阅读的目的,培养良好的记忆品质,激发阅读的兴趣。其次,要加强对阅读材料的理解,只有充分理解文章的内容,掌握文章内容的内在逻辑结构,语言上的层次、段落,才能更好地记忆。第三,要及时进行复习,巩固学过的知识。否则，暂时记住的东西，很快就会忘记。

要想保持对文章内容的长期记忆，最好的办法就是充分理解文章的内容，在理解的基础上记忆。有很多方法可以帮助我们长期记住文章的内容。根据阅读材料的不同，你可以选择适合的方法。

· 做笔记

有些学生觉得自己记忆力不错，拒绝做笔记，结果聪明反被聪明误。俗话说，好记性不如烂笔头。用笔记的形式记录文章的概要和自己的理解以及对作者观点的看法，可以帮你更好地理解和记忆文章的内容。在做笔记的时候，你应该积极思考，多多表达自己的想法和见解。你的想法越多，记忆的效果就越好。

· 找关键词

其实，一篇几千字的文章，作者所要表达的关键信息并不太多。如果找到其中的关键词，就大大降低了记忆的难度。你可以用下划线、点、圈，或者颜色等符号把文章中的关键词和关键句子标示出来。一方面可以一目了然地看到文章的关键内容，另一方面还方便以后的复习。需要注意的是，一个段落中只能标出一个关键的句子，一个句子中只能标出几个关键词。否则，当你读完一篇文章的时候，会发现文章中画满了圈圈点点。所有的内容都成了重点和没有重点一样，甚至会让你感到更加难以记忆。

- **做批注**

不少人以一种奇怪的方式爱护书籍，认为不应该在书上乱写乱画。如果你把书籍当作一件装饰品，或者当作古董，这样做可以理解。但是，如果你想从书中学到知识，就应该把书籍当作媒介。不但要在书上标记出关键词，还应该在书籍的页眉页脚和边缘写上批注，表达你对文章的理解，你对作者观点的态度。什么观点是你认同的？什么观点是你否定的？哪些内容是你理解的？哪些内容是你不理解的？这些批注可以加强你对文章内容的理解和记忆，也方便你以后的复习。

- **提问并回答**

在阅读文章之前，你应该先问问自己想了解哪些问题，比如事件发生的时间、地点和相关人物，事件的起因、经过和结果。在阅读时找到这些问题的答案，把答案写在笔记本上，或者直接在书中标注出来。这样就把文章的关键信息找出来了，对这些信息的记忆也就更加深刻了。需要这些信息的时候，就可以直接在书中找到。

- **图解**

所谓图解就是用关键词和图形的方式描述书中的内容。把书中的内容绘制成图，可以帮助我们理解并记住书中的内容。用关键词和图形可以把书中的主要信息展示出来，用箭头和连线可以把信息之间的逻辑关系一目了然地呈现出来。

首先，把文章的主题写在一张纸的中央，然后从主题引出几个主要的分支，描述文章的主要论点。接下来从每个主要分支引申出次级分支，描述支持每个主要论点的分论点，再下一级的分支，描述支持每个分论点的论据。借助关键词、图形和符号，你可以把文章中所有的信息都囊括到一张图中，你还可以用颜色或图形表示出其中的重点内容。

- **做索引**

做索引在进行主题阅读时非常有用，它可以帮你对一个主题进行系统的研究。

首先，把 A5 的打印纸做成卡片，从中间对折，左边写上概念，右边写上定义。然后，在阅读的过程中，遇到你所要研究的概念，就把它写在卡片的左边，写下介绍这个概念的关键词，并在右边写下你不熟悉的术语的定义。把这些卡片整理好，放在文件夹相应的科目下。当你阅读同一主题的其他书籍的时候，就把卡片拿出来，把新的信息填写进去，并进行对比。

小练习

找几篇文章检验自己的记忆力，应用上面提到的 6 种帮助记忆的方法，看看哪种方法更适合你。

多感官记忆法

阅读不仅仅是视觉上的事儿，还跟听觉和触觉有关。美国科学家的一项研究证实了阅读障碍症是多感官混乱症，不仅仅与视觉处理问题和语言处理问题有关，还是大脑综合处理视觉和听觉信息的结果——因为阅读障碍症患者难以区分快速切换的光源和声音造成图像混乱的现象。

要想提高阅读的效果，加强对文章的记忆，就应该全身心地投入阅读活动中，调动所有的感官，帮助你感知和吸收书中传达的信息。在阅读过程中调动的感官越多，对文章内容的记忆越深刻。

因此，当你希望记住文章内容的时候，就不要用快速阅读的方法进行阅读，你应该眼看、口说、耳听、手写、脑想，调动所有的感官辅助你对文章的记忆。如果你想了解一个新的事物，用眼睛看只能看见颜色和外形，神经细胞之间只能建立一种联系。如果加上嘴巴说、耳朵听、动手触摸，再加上嗅觉和味觉的作用，利用多种感觉器官与该事物接触，就可获得有关该事物更多的信息。这些信息由大脑进行综合加工，必然会在大脑中形成更加丰富、深刻而牢固的记忆。以后对这个信息进行再认的时候，由于多种感官之间已经建立起了神经活动联系，线索也会更多。

这种阅读方法就是我国自古以来提倡的眼、耳、口、手、心

"五到"读书法。把眼看、口念、耳听、手写、脑记结合起来，是符合科学原理的记忆方法，可以强化记忆，使文章的内容在大脑中留下深刻印象。尤其是用于学外语，效果更加显著。

视听结合可以大大提高记忆的效果。你可以同时利用大脑的语言功能和视觉、听觉器官的功能来强化记忆。这样比纯粹的默读效果好得多。用听觉辅助阅读，你可以把读到的内容讲给别人听，把你学到的东西教给别人，或者把你读到的内容编成押韵的诗或故事。用视觉辅助阅读，你要尽量把读到的内容变成图画，把书中的内容想象成电影，激活视觉记忆。

人的大脑分为左脑和右脑两个部分，其中左脑主要起处理语言、逻辑、数学和次序的作用，右脑用来处理节奏、旋律、图像和幻想。调动视觉和听觉在阅读中的作用，也就是让右脑参与到阅读过程中。在平时学习中，我们往往过分注重左脑的作用而忽视了右脑的作用。科学研究表明：右脑在阅读和记忆中起到非常重要的作用。左右脑的功能协调起来有利于记忆，学习效率将成倍提高。比如你听一首歌的时候，左脑会处理歌词，右脑会处理旋律，因此能轻而易举地记住歌曲歌词。如果你单纯去背歌词，则要费劲得多。

把书本上的画面和故事在大脑中想象出来，可以增强记忆的效果。你可以想象书中描写的人物外貌、景色、场景，想象得越真实越细致，记忆的效果就越好。你还可以把故事情节想象成电影，帮助你记住故事发展的过程。显然，同一个故事，看过电影的人要比看过小说的人印象更深刻。因为视觉印象比文字印象更容易让人记住。经过一段时间的训练，你的想象力会加强，想象得越来越清晰，记忆效果也越来越好。

此外，触觉也可以在阅读中发挥作用。有一种记忆方法叫作"看图动手操作记忆法"，这种记忆法要求我们在阅读的时候用图和符号表示信息，一边阅读这些信息，一边用手指点，帮助你对读到的内容进行分析。如果是用铅笔或直尺指着看，效果更好。这也是多种感官并用法中的一种，尤其是用于文章中有图表和图画的阅读材料。比如，销售表格、地图、电路图、生理解剖图……养成这种动手操作的习惯之后，对图画信息的记忆能力会大大增强。这是因为将视觉与动觉结合起来，既提高了注意的集中程度，又使视觉和动觉之间建立起了神经活动联系。以后在回忆时，多重联系比单一的联系更容易恢复起来，记忆效果也更好。

研究发现，大脑一旦接受某种刺激信息，便开始记忆，而且刺激信息越是能引起情绪波动，就会记得越牢。西方古舰船上训练见习水兵的时候，为了让他们记住各种帆具和套具的复杂名称，教官一只手里握着鞭子，一只手指着某件套具，在说出它的名称同时，用鞭子抽打一下见习水兵的背，好让他记得更牢。在这种强烈的刺激下，水兵很难忘记教官所教的内容。我国旧社会戏班子培养人才也是用类似的方法。这种方法证明，触觉的刺激和情绪的刺激可以强化记忆，但是这种方法会造成人身伤害，不适于推广。我们可以根据这个原理加强记忆，你在阅读的时候可以仔细体验周围的环境，比如当时的天气、茶水的清香、室内的温度等等。这些体验可以帮助你加深对阅读内容的印象。

总之，在阅读的时候，如果你能够全身心地投入到阅读材料中，你对文章的记忆就会大大加强。

> **小练习**
>
> 1.用"五到"阅读法背诵3篇优美的散文或诗歌。
> 2.训练想象力，借助视觉效果帮助自己记忆文章的内容。
> 3.用"看图动手操作记忆法"掌握图表信息。

了解遗忘规律，加强记忆

最让我们感到苦恼的是好不容易记住的东西，如果不及时复习很快就会忘记。你可能也经历过话到嘴边却怎么也想不起来的情况，明明知道自己以前曾经看到过一些信息，但就是想不起来。如果这种遗忘现象发生在平时还好些，但是如果在重大考试或其他重要场合忘记了关键信息，就会给你造成重大损失。

所谓遗忘就是我们对于曾经记忆过的东西不能再认，也不能回忆起来，或者是错误的再认和错误的回忆。遗忘是怎样发生的呢？遗忘有没有规律呢？输入大脑的信息在经过专注的学习后，便成了人的短期记忆，如果不经过及时的复习，这些记住的东西就会被遗忘。如果能够及时复习，这些短期记忆就会转变为长期记忆，很长时间内都不会被遗忘。

　　德国心理学家艾宾浩斯把自己作为测试对象，做了一系列实验。他选用了一些根本没有意义的音节，也就是那些不能拼出单词来的众多字母的组合，比如 asww、cfhhj、ijikmb、rfyjbc 等。然后测试自己对这些字母组合的记忆。经过研究，他发现遗忘在学习之后立即开始，而且遗忘的进程并不是均匀的，而是遵循一定的规律——最初遗忘速度很快，以后逐渐缓慢。他认为"记忆和遗忘是时间的函数"，并根据自己的实验结果绘成描述遗忘进程的曲线，这就是著名的艾宾浩斯遗忘曲线。

　　这个记忆遗忘曲线显示出人的遗忘过程在最初阶段速度非常快，随着时间的推移，遗忘速度逐渐减慢，遗忘的数量也逐渐减少，到一定阶段之后，就不再遗忘了。遗忘过程有两个高峰，第一个是接触信息后一分钟，大部分短期记忆在这个时间内将被遗忘；第二个是接触信息后 24 小时，大部分长期记忆经过一天的时间之后，如果没有及时复习就被遗忘了。

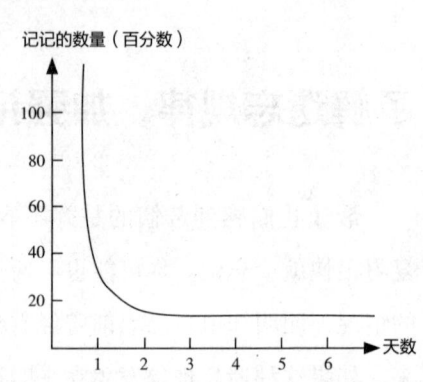

　　因此，保持长期记忆的秘诀就是——在忘记之前及时复习，加深对信息的印象。复习时自己对这些内容并没有完全忘记，所

以这并不需花费太多的时间。复习学过的内容可以在巩固信息的同时，把短期记忆变为长期记忆。及时复习能够对加强记忆起到事半功倍的效果。因此学完生词或背诵完课文之后，应该在24小时之内复习一遍，一天之后再复习一遍。

除了时间的因素，还有另外一些导致遗忘的原因，比如注意力缺失、阅读干扰和缺乏兴趣。

注意力的缺失会使记忆力下降，注意力是记忆的第一要素。当你全神贯注地做一件事的时候，你的效率会非常高。你把所有的精力都放在你关注的信息上，忘记了其他的一切，因此你能把信息牢牢地记住。相反，如果你三心二意，一边阅读一边走神，就无法记住你所阅读的信息。在后面的章节我们会专门介绍如何提高专注度。

阅读干扰是指其他信息的侵入扰乱了你对当前信息的关注，影响记忆的质量。干扰包括先行性干扰和后行性干扰。先行性干扰是指旧的信息干扰了你正在关注的信息，后行性干扰是指新的信息侵入，干扰了你正在关注的信息。克服干扰的最好办法就是把不同的事件分开，在一定时间内只关注一个信息，给大脑区分新旧信息的时间。

如果你对所读的内容缺乏兴趣，那么你基本上就不可能记住所读的信息。如果你对阅读的内容兴趣盎然，就可以轻松地记住信息的内容。因此记忆之前要培养对阅读材料的兴趣，明确阅读的目标。有了目标，就有了动力，自然也就产生了兴趣。疲劳是缺乏兴趣的一个原因，任何一件事如果让你感到疲劳，都会使你失去兴趣。因此阅读的时候要注意劳逸结合，一个小时休息10分钟，保证记忆的质量。

此外，记忆和理解效果有关，对阅读材料理解得越好，回忆起来就越轻松，遗忘速度也就越慢。如果你没有充分理解读物的内容，很快就会忘记。

一项关于神经系统的研究通过记录人脑的视觉图像发现遗忘也有益处，忘记是为了记住更多新的内容。研究表明，大脑为了回忆更新更重要的事，通常会通过遗忘某些记忆来减少自身的负荷。当人们试图记住某一特定信息，比如一个电话号码或者一个地址时，就会积极地抑制其他记忆来促进精力集中。

研究者对20位男女学生的记忆能力进行研究，让他们快速浏览240个单词，其中包括40个大写的词组。研究者又要求这些学生记住其中3个特定的词组，这迫使他们要忘掉从前看过的那些词组，才可能更好地记忆那3个特定的词组。研究者对这些学生的记忆过程进行分析之后发现，大脑处理记忆问题时，总会把某些记忆搁置，把精力集中在记忆特定信息上。大脑把旧的东西阻断得越好，越可以记住新的东西。这表明大脑在一定时间内的记忆容量是有限的，想要更好地记忆，就要削弱某些记忆。

总之，遗忘是一种正常现象，完全没有必要因为自己总是忘记学过的东西而自惭形秽，只要掌握遗忘的规律，制订好复习计划，及时复习学过的东西，就能把短期记忆变为长期记忆，进而避免出现遗忘的现象。

第六章

带着明确的目的阅读

明确阅读目的

阅读是一种目的性、动机性很强的心理活动过程，阅读目的在整个阅读活动中的意义是不言而喻的，人们主动完成阅读行为的目的和要求也就成为我们必须关注的要点。一般而言，阅读的目的就是获取信息并得到某方面的满足。

目的越明确，阅读的效率就越高。阅读之前明确自己的目的，阅读的时候牢记自己的目的，一方面可以保证你把注意力集中在阅读的文本上，另一方面可以使阅读成果明显地体现出来。

·获得信息

有时我们阅读的目的是获得信息，不管是知识性的信息、娱乐性的信息，还是商界信息。为了获得信息而进行阅读并不需要太多的理解，只需要知道事实就行了。对报纸新闻的阅读是典型的获得信息的阅读，你所关注的是国内外各个领域有哪些大事发生。

以获得信息为目的的阅读，也有不同程度的区别。比如，对于报纸新闻，你可以根据自己的喜好，或者只是了解一个标题，或者了解事件的详细信息；对于百科全书里面的一些知识性的信息，最好是记住，即使记不住也要有所了解；对于商界信息则要认真分析，辨明真伪，然后用信息指导自己的行动。

· 应用

有些阅读文本具有实用性，我们要把从书本上学到的东西在实际生活中应用起来。比如，食谱、旅游指南、学习方法以及介绍各种技巧的书籍。这样的读物有很强的指导性，能够帮助我们在日常生活中处理一些事情。因此在阅读这类素材时，要思考在什么情况下可以用到这些知识，书中的内容会给你的日常生活带来哪些帮助，应用这些知识之后，事情会发生哪些变化等。

为了应用而进行阅读，不同于其他目的的阅读，必须按照文章的指导进行实际操作，才能使阅读发生效力。

· 欣赏

阅读往往是与感受、理解、欣赏紧密相连的，就如同语言和思维的关系。尤其是文学作品的阅读，其实就是读者在感受、理解、欣赏的同时获得愉悦和满足的过程。阅读应在读懂语言文字的基础上，读出作者的感情，读出自己的感悟。读的过程，实际上也是读者与作者进行心灵对话的过程。

对于大多数文学性的文章，我们都可以把欣赏作为目的。读者通过阅读确证自己，发现自己的同时，还可以获得一种特殊的审美体验与感受。

· 交流

简单地接受作者的观点和思想，不是正确的阅读态度。如果那样，你的大脑就成了别人思想的跑马场。因此阅读的目的是与作者进行交流，而不是全盘接受作者的观点。"尽信书不如无书"，即使在权威面前，我们也不应该丧失自己的观点和立场。只有当你把自己已有的知识和刚刚读到的内容联系起来进行对比，把刚刚读到的内容融入自己的知识体系中，才算真正学到了新的东西。

在阅读的过程中，要批判地看待所读的内容，在自己不理解或不认同的地方对作者提出质疑。但是，这并不是说要对阅读材料吹毛求疵，而是以开放的心态对待作者的观点。当你抱着与作者进行交流的目的阅读文章的时候，你才能真正体会到阅读带给你的快乐。

· 解决问题

当我们对某些问题心存疑惑的时候，需要通过阅读文章获得解答。很多非文学类的书籍都是为解决某些问题而写的。比如本书就是为了提高大家的阅读能力而写的，通过阅读本书，你就能解决阅读速度慢、理解力和记忆力差等问题。

阅读这类读物的目的性非常强，因此检验阅读的效果也非常方便。阅读文章之后，按照文章中提供的方法去做，如果能够解决问题，那么说明你的阅读是有效的。相反，如果文章不能帮助你解决问题，或者是你没有理解文章的意思，没有按照文章的指导去行动；或者文章本身的理论是错误的，并不能帮助你解决问题，那么阅读就是无效的。

· 评价

对文章的内容进行客观的评价,可以帮助你更深刻地理解文章的内容,让你跳到文章之外,以旁观者的眼光来审视文章的内容。它要求读者一方面要验证作者的观点是否正确,证明观点的论据是否可靠;另一方面要把作者的观点与这个领域内别人的观点进行比较,找出作者观点的优势和不足之处。

对文章进行评价的时候,你要将文章的内容与自己已有的知识联系起来,建立的联系越多,你对文章的理解和记忆就越深。

· 消遣

也许有人会说,读书一定要有目的吗?当然,你可以漫无目的地阅读,但是这时也并非没有目的,你的目的是休闲娱乐、消遣时光,或者是修身养性。其实以消遣为目的的阅读是我们扩大知识面、博览群书的重要途径。

一个情节曲折的故事、一首浪漫温馨的小诗,甚至一个妙趣横生的笑话,都会带给人们一份无拘无束的放松和解脱。阅读不仅可以打发时间,还可以让你的心灵得到抚慰。

小练习

阅读3篇文章,阅读之前明确自己的目的,阅读之后检测一下是否实现了自己的目的。

做好阅读前的准备

在阅读过程中，你有没有过读不下去的经历？或者由于找不到自己需要的信息而感到灰心丧气？或者由于想东想西而不能把注意力集中在书本上？或者由于对书本的内容感到陌生而理不清头绪？这些都是因为阅读之前没有做好准备。

阅读之前首先要明确阅读的目标。不管是别人要求你阅读，还是你自己主动阅读，都要明白自己阅读的目标是什么，是为了学到知识，还是为了做研究，或者是仅仅为了消遣？如果没有目标，就会像没头的苍蝇一样到处乱撞，抓不住重点，自然不会有太多的收获。明确了阅读目标，就可以以最快的速度找到你需要的信息。关于阅读的目标，我们还会在以后的章节详细介绍。

注意力不集中与阅读的心态和周围的环境状况密切相关。在心绪不宁、烦躁郁闷的时候，你可以选择一些轻松的散文或小说来消遣，但是不要做大量的消耗脑筋分析性阅读。在思想状态不佳的情况下，需要太多理解和记忆的文章只会让你更加烦闷。在嘈杂的环境中，最好不要进行大量阅读，除非你想挑战自己的专注力。别人的活动会分散你的注意力，打乱你的思绪。因此在准备阅读之前，应该找一个安静舒适的环境，比如图书馆或者自己的书房。在这种适合读书的环境，你可以把全部精力集中在书本上，不用担心被外界事物打扰。

如果你对将要阅读的内容知之甚少，你就会感到紧张，不知从何处下手。为了避免这种紧张感，在阅读之前，你应该对将要阅读的内容进行初步的了解。阅读材料可能会涉及天文地理、历史人物、环境保护、自然灾害、工作生活、文学艺术、科学技术、体育卫生、人权、政治、经济等各个领域。文章的体裁有记叙、书信、日记、小品、戏剧、传记、诗歌、说明文等。在阅读准备阶段应该根据阅读材料的不同内容和不同体裁，适当地查阅一些与文章有关的背景知识，帮助了解阅读材料的内容。这样可以大大激发你对材料的兴趣，明显提高阅读的效果。

找到与阅读主题相关的信息之后，把那些内容与自己已有的知识联系起来，这样会使你的阅读更加顺畅。你可以把读物的内容与自己已有的知识进行比较，找到它们之间的联系，这样可以帮助你更好地理解文章的内容。因此，在阅读之前，看到文章或书籍的篇名，就要花时间想一想自己大脑中已有的与这个主题相关的知识。最好在纸上写出你想到的关于这个主题的关键词，然后根据这些关键词明确自己想从书中获得的内容——可以是某个特定问题的答案，也可以是关于主题各个方面的笼统信息。

如果阅读的内容对你来说是完全陌生的，那么你可以采用提问的方式帮助自己集中精力，克服困难，实现阅读的目标。当你准备阅读全新的内容时，首先要弄明白自己想看的是什么，准备从中了解哪些信息，或者能够学到什么东西。

拿到阅读材料之后，先问自己 3 个问题：

1. 这篇文章是关于什么的？
2. 关于这个主题，我已经知道了什么？
3. 我还需要从这篇文章中了解什么？

这 3 个问题可以帮你明确阅读的目标，同时建立一个阅读框架。如果你无法在阅读材料和已有知识之间建立联系，那么你就会有很多不了解的问题和不清楚的地方，自然会提出问题。

如果你对这个主题一无所知，就条理清楚地提出你想知道的问题。提出问题是进行阅读之前非常重要的准备阶段。对你想了解的各种信息都要提出问题，比如一件事发生的时间、地点、人物，事件的起因、经过、结果。带着这些问题进行阅读，阅读的目的就会更加明确，你的阅读就会更有收获。不要担心自己提的问题太简单，只要是你不明白的，只要是你想了解的，就要提出来。你提的问题越多，你知道的就会越多，阅读带给你的收获就会越大。有些问题可能在文章中找不到答案，但是没有关系，即使找不到答案也比不提问要好。提问是主动阅读的表现，通过提问你就能更加积极地投入到阅读活动中。

要想进入阅读状态首先要集中精力，提出问题有助于你把精力集中在自己要解决的问题上。当你积极主动地搜索问题的答案时，就很难被外界的事物分心了。

做好阅读准备工作，你就能全身心地投入到阅读活动中，从而取得最大的收获。

> **小练习**

在阅读一本书或一篇文章之前，先弄清阅读材料是关于哪方面的内容。

1. 找 3 篇自己了解的文章，根据题目列出自己已知信息的关键词，问问自己还想从中了解哪些内容。

2. 找 3 篇自己不了解的文章，列出自己想要知道的相关问题，带着这些问题进行阅读。

进行全文预览

大多数阅读者拿到一本书或其他阅读材料之后，立刻从第一个字开始往下读。他们没有预览全文的习惯，不想了解文章的整体情况。这种习惯是在学校形成的，我们学一篇文章的时候都是机械地从头读到尾。毕业后这个习惯延续下来，每当阅读的时候都会按部就班地从头读到尾。结果很多时候，读到一半才发现那篇文章不是我们要找的内容。这种习惯非常顽固，以至于有些人明明知道预览全文的好处，仍旧不看索引和目录就逐字逐句地阅读。

由于不了解下面要读的内容，阅读速度会很慢；由于不了解文章的主题思想和整体结构，阅读者很难理解文章的意思，虽然盯着书本,但是完全不知道书上讲的什么,只是囫囵吞枣地往下读;由于不能从整体上把握阅读材料,阅读者很容易分散注意力。相反,如果在正式阅读之前预览全文,大概了解一下文章讲什么内容,就能进行快速阅读,而且能够理解文章的内容,提纲挈领,全神贯注地阅读。

其实,我们平时在阅读报纸杂志的时候,已经不自觉地应用了全文预览。比如,在买杂志或图书之前,我们会浏览一下目录和里面的内容,如果对里面的内容没兴趣就不会买。在看报纸的时候,我们一定会先浏览标题,从标题中获得新闻事件的主要信息。标题使你对新闻有了基本的了解,在此基础上仔细阅读,你就能轻松掌握文章的意思。

全文预览是高效阅读的第一个步骤,在正式阅读之前,应该通览全文以获得对文章的整体了解。预览就像在空中鸟瞰地上的风景一样,你可以掌握大概的轮廓,对你阅读的读物形成一个整体的印象。预览又像拼图游戏一样,了解了全图的样子,你就能做到心中有数。把握了文章的重要思想,就能顺利地理解文章每个部分的内容。通过预览全文,你可以获得很多信息,比如文章的主题、概要、结论、段落结构等等。这些信息可以引导你思考某些特定的内容,让你为正式阅读做好准备。

全文预览类似于运动员在进行大量运动之前的热身,通过了解文章的大意和脉络结构,可以使神经进入紧张兴奋的状态,把注意力从日常事务转移到阅读材料上。预览全文之后,你就知道了各部分的联系以及你需要从文章中得到的信息，正式阅读的时候对文章的理解就轻松多了。

预览全文首先要了解文章的基本信息，比如文章的体裁是小说、散文，还是论文、报告？文章的题材是有关爱情、生活、文化的，还是有关历史、政治、经济的？作者是谁？以前有哪些著作？在文章中提出了哪些观点？作者提出了哪些材料论证自己的观点？文章的段落结构是怎样的？文章中有插图和图表吗？如果你阅读的文章符合自己的阅读爱好，那么比较容易回答这些问题。如果你不了解自己手中的阅读材料，就要从这些方面入手对文章进行整体的了解。

要想了解文章的基本信息，需要注意以下内容。

文章或书籍的题目：标题是对文章内容的高度浓缩；作者简介：了解作者的背景可以帮助我们理解作者的主要思想；文后广告语：出版社或其他名人对作品的评价和推荐；前言、序言和简介：介绍书籍的写作和出版过程，书籍的主要内容、作者的主要观点和影响；目录和索引：通过目录你可以了解文章的结构和章节的主要内容，通过索引你可以快速查到书籍主题的详细信息；图表、图画和表格：文章内容的注解，往往能够传递重要信息，预览时应该大略地浏览它们，但是不用花费太多时间；术语表：泛泛地浏览，发现你不了解的，当你需要很快确定术语含义的时候就能很快找到它；参考书目：通过了解参考书目，你就能进一步了解书中的主要内容。

了解文章的基本信息之后，就要问问自己：可以从这些信息中获得什么？可以了解一些事实和观念，还是能明白一些道理？书中的信息对你有用吗？需要记住吗？需要花费时间研究吗？如果书中的信息对你来说没有用处，那么你就没有必要阅读。

此外，还要问问自己：阅读文章的动机是什么？你希望从书中获取什么内容？明确阅读文章的动机之后，就可以省略你不需要的内容，重点阅读你想要了解的内容。如果书中没有包括你需要的信息，就没有必要浪费时间进行阅读。很多人在没有明确阅读动机的情况下进行阅读，读到一半发现文章内容不是自己需要的，又不忍心中途放弃，结果只会浪费时间和精力。因此在阅读之前先要明确自己的动机和目的，这样在阅读结束之后才会有成就感。

了解文章的基本信息，知道自己可以从文章中获得什么，明确自己的阅读动机之后，你就为正式阅读做好了充分的准备工作。这3方面也正是进行全文预览的目的。做好这3方面你就能进入阅读状态，专注于文章，实现高效阅读。

小练习

选3本书进行全文预览练习，你可以选择3本不同类型的书，一本自己熟悉的、一本不了解的、一本大众题材的（预览完一本300页的书，一般需要10分钟左右的时间）。

分别对这3本书进行预览，然后回答下面3个问题：

1. 你了解了哪些基本信息?
2. 你可以从本书获得什么?
3. 你阅读本书的动机是什么?

找到自己想要的知识

在阅读时,思考你为什么要读这本书,你希望从中得到哪些知识。这样可以大大提高阅读的效率。明确自己想要获得的知识,就像你在旅行的时候带上一张地图一样,可以指引你以最快的速度到达目的地。如果你去一个陌生的地方不带地图,就会走很多弯路,浪费很多时间。

阅读的准备、全文预览、熟悉文章的语言特点和段落结构、找到文章的中心思想,这4个步骤相当于你给自己将要阅读的内容绘制了一张地图。你已经对自己将要阅读的文章有了初步的了解。这时只要你知道阅读的目的是什么,都有哪些路径可以实现目标,你就能够轻松、有效地完成阅读工作。因此,你应该通过前面几个步骤明确手中的读物是关于什么主题的,能给你提供哪些知识。再问一问自己已经对哪些问题有所了解,还需知道哪些信息。这样你就可以进行选择性的阅读,知道哪些信息需要捕捉,哪些信息可以忽略,从而专注于自己需要的信息。

在进入第5个步骤的阅读之前，首先要总结一下前面4个步骤阅读的成果，对前面的阅读进行分析，比如你对文章的感觉和你的收获。你可以问一问自己下面这些问题：

1. 文章中的专业术语、作者的遣词造句和段落之间的逻辑结构让你感到难以理解吗？
2. 你能清楚地把握作者的观点吗？
3. 你对作者的观点是赞同还是反对？
4. 阅读之前和阅读之后，你对这个主题的态度是否发生了变化？
5. 阅读之后，你对这个主题是否更加感兴趣了？
6. 你认为文章对你理解这个主题有帮助吗？
7. 你是否对其中的某些章节特别感兴趣？

这些问题可以强化你对文章的理解，还可以让你冷静地思考一下自己的态度和兴趣是否受到了作者的影响。如果你对问题的态度因受到作者影响而发生改变，那么你需要搜索作者提出自己观点的证据和理由，检验作者的观点是否真的正确。读书就像淘金，要想找到有价值的东西不是轻而易举的。有时那些信息不是作者关心的主要问题，有时作者对那些问题的论述并没有充足可靠的证据，你还需要从其他地方寻找相关的内容来检验作者的观点。

如果文章中某些章节引起你的兴趣，那么你就要在这些章节标上重点符号，因为这些往往是你需要特别关注的章节。如果你发现自己丧失了对文章的兴趣，那么就要重新审视文章的内容是否能满足自己的需要，重新确立阅读的目标。因为当阅读兴趣缺失的时候，阅读动力就会减弱，注意力就会分散，从而很难实现阅读的目标。

经过前面的步骤，以及对前面阅读成果的分析，你对文章有了比较深刻的了解，而且明确地知道自己想要找什么资料，下面就可以开始筛选你需要的内容了。现在，你可以从中筛选出你真正需要阅读的章节。这种筛选的能力在主题阅读中非常重要，可以帮你抓住重点，节省时间。一本书中属于你真正需要的内容并不会很多。有时你甚至会发现书中的内容并不能满足你的需要，这样的读物就没有必要花费时间和精力进行阅读，除非你只是为了打发时间。

要想找到自己想要的知识，首先要从目录和索引着手。通过浏览，你已经对目录下面的详细内容有所了解，再次浏览目录的时候，你就知道每一章节下面的内容是否符合自己的需要。然后挑出那些章节进行重点阅读。

筛选出你需要的内容，也就完成了你在准备阶段定下的阅读目标。还记得在阅读准备阶段，你曾给自己提出的3个问题吗？

1. 这篇文章是关于什么的？
2. 关于这个主题，我已经知道了什么？
3. 我还需要从这篇文章中了解什么？

认真阅读筛选出来的章节之后，把自己得到的知识用大纲或笔记的方式记录下来。然后对照前面3个问题的答案，看看自己是否已经找到了所需要的信息。如果找到了，就可以停止阅读了。如果没有找到，那么在预览全文之后，应该重新问自己这3个问题。通过分析重点段落、关键句子和关键词，找到文章的中心思想，根据自己掌握的信息重新回答这3个问题。

这个步骤所花费的时间取决于你所需内容的多少，以及你想知道的内容与文章内容的吻合程度。不要盲目地从头读到尾，要根据你所需要的内容决定只阅读文章中的某些章节、某些段落，还是阅读整本书，以免浪费时间。

只有找到自己想要的知识，才能使一本书真正属于你自己。书籍不是装饰品和古董，购买之后并不能说明你已经真正拥有它了。书籍更像食物，只有消化吸收之后，从中吸取到营养，把其中的知识变为你自己的一部分，才算真正拥有一本书。

小练习

阅读一本书或一篇文章，在阅读过程中随时询问自己下面这3个问题：

1. 文章能提供给我哪些信息？
2. 我需要知道哪些信息？
3. 我找到自己需要的知识了吗？

第七章

集中注意力是高效阅读的关键

阅读效率在于集中注意力

高效阅读的首要原则就是集中注意力。只有把注意力集中在书本上，阅读才有效率。如果注意力不集中，那么阅读速度就会下降，也就不可能充分理解文章的意思，更不能很好地记住文章的内容。

列宁的夫人克鲁普斯卡娅在一篇回忆列宁的文章中写道："他很注意节约时间，阅读时非常聚精会神，所以他读得很快。"列宁看书有一目十行的能力，而且能够快速抓住整段整页的意思。他在研究帝国主义这个专题时，读了148本书、49种期刊中的232篇文章，写下60多万字的笔记。这种超强的阅读能力需要超强的专注度做保证。

在阅读的时候，你需要睁大眼睛面对每一行的文字，首先要认清字形，然后要思索这些文字组合在一起所表达的意思。如果这时你的心绪像跳上跳下的猴子，你的意念像草地里乱跑的野马，那么你就很难完成阅读的任务。

注意力的集中、控制与分配对阅读的效率有着十分重要的影响。注意力的集中是指在快速阅读时，注意力要高度集中在阅读对象上，而对阅读之外的事物置之不顾。也就是说，要能够抑制外界事物分散自己的注意力。当你走神的时候，你会把全部注意力集中在你所想到的事物，对你的白日梦保持高度注意，而对身边的其他情况视若无睹。如果你在走路的时候想一个问题想得出神，就会不小心撞到其他人。

注意力的控制是指在专心致志地进行阅读的同时，阅读者应该既能把主要精力集中在自己正在阅读的某一个重点内容上，又能够随时将注意力迅速转移到需要继续阅读的下一个重点问题上。因为阅读是一个动态的活动，你需要跟着作者的思路不断把自己的注意力转移到新的问题上，这样才能保证阅读的速度。如果注意力在一个问题上集中的时间过长，反而会使阅读效率降低，因此你要做到能够灵活调节注意力。

注意力的分配是指在进行阅读的时候，既要把注意力集中在重要内容方面，同时又能兼顾次要的内容，分辨出侧重点。对注意力的分配使用要合理有序、分布均衡，不应过分集中而忽略了对其他重点内容。

专注度是实现愿望的关键，任何事情的成功都离不开专注度，阅读更是如此。我们在阅读的时候要保持心无旁骛、全神贯注的状态，才能实现阅读的目标。当你把精力集中在阅读文本上的时候，你就能保持平和的心态，摒除其他事物的干扰，自然能够加快阅读速度。当你完全沉浸在阅读材料中的时候，对文章的理解力就会大大提高，就很容易理解作者所表达的观点和抒发的情感。记忆能力同样与专注度有密切的关系，如果你不把心思用在阅读材料上，那你就很难记住看过的内容。在阅读的时候如果集中精力，你的大脑就会自觉地把看过的内容与已有的知识联系起来，就比较容易记住文章的内容。

歌德说："一个人不能骑两匹马，骑上这匹就会丢掉那匹。聪明人会把凡是分散精力的事都置之度外。"如果阅读的同时想着精彩的电视剧和足球比赛，你的精力就会分成3份，投入阅读中的精力只有1/3。如果全神贯注地做阅读这一件事，那么投入到这件事中的精力就是100%，阅读效果的差别可想而知。

你可以自己做一个试验，一边看书一边和别人说话，或者一边看书一边看电视。你会发现一会儿工夫你就找不到自己读到哪里了。因为你的注意力分散了，当你从谈话或电视节目中回到书本上来的时候，你已经忘了前面读过的内容。

英国哲学家卡莱尔说："最柔弱的生物在把精力集中在唯一的事物上时，它就可以取得成就；然而最强大的生物把它的精力分散于许多事物上，就可能无法取得任何成就。"不断滴落的水滴可以穿透坚硬的石头，聚集起来的太阳光可以点燃木柴。如果你能够全身心地投入到阅读过程中，那么你的阅读效率也会随之提高，收获也会更多。

强迫让自己集中注意力效果并不好。因为当你命令自己集中注意力的时候，你就会把意识放在集中注意力这件事上，而且持续时间很短，你需要不断提醒自己集中注意力。要想集中精力，你需要掌握一些方法和技巧。实践证明，既简捷又高效的方法就是通过手指或钢笔阅读器引导你的视线。经过几周的训练，你会发现自己很容易把精力集中在阅读材料上，因为这种方法可以帮你纠正逗留和回顾的毛病，让你按照一定的节奏读下去。阅读效率会大大提高。

小练习

选择一幅自己喜欢的画（可以是国画、油画、风景照片、电脑合成画面或者明星的海报），来训练自己的专注度。

把这幅画放在桌子上，凝神盯着它看2分钟，注意画面的每个细节。然后闭上眼睛，回想画面的细节：前景是什么样的？背景是什么样的？中间是怎样过渡的？画面中的颜色是怎样搭配的？画面中的形状有什么特点？

觉得自己在头脑中描绘完整之后，睁开眼睛看看画面，找出自己疏漏或回忆错误的地方。再次闭上眼睛，修正自己头脑中对图画的印象。

反复做这个练习直到头脑中的画面与原作品的每个细节都一致。

注意力缺乏与分散的调整

注意力是信息进入大脑的关键，如果你没有注意一件事物，那么这件事物就不能进入你的大脑，你就对它没有印象。注意力是人们在完成某项任务时，意识所选择的方向，它在阅读中起着非常重要的作用。如果缺乏注意力或者注意力分散，就很难进行快速有效的阅读。

我们很多时候都不能集中注意力，但往往只有当注意力分散导致不能有效率地完成工作甚至发生错误的时候，我们才会意识到问题的严重性。容易让人分心的环境、胡思乱想和情绪因素都会导致注意力不集中。知道为什么会注意力不集中，就容易对症下药了。

很多人之所以不能集中注意力，是因为让他们分心的东西太多。这些东西可以分为外部因素和内部因素。外部因素包括噪声、对话、电视、网络、广告、工作、家务以及不舒服的桌椅和不舒适的灯光等。内部因素包括饥饿、劳累、疾病、眼睛不舒服、焦虑、压力、烦恼以及消极的想法和白日梦等。

应对外部影响因素，一定要在空气清新、光线充足、安静舒适的环境里阅读。但是不要在卧室里，那会使你感到困倦。光线最好是自然光，如果你用右手写字，那么光源应该在左前方，如果你用左手写字,那么光源应该在右前方。这样可以使你的视觉保持最佳舒适度。桌子和椅子的高度要适度,书桌要足够大,能够容下手头上的书籍和文件,书桌上的物品要摆放整齐,乱七八糟的会影响视线和心情。阅读时背要挺直,双脚平放在地板上。

应对内部影响因素,需要注意休息。你会感到疲惫、口渴、眼部疼痛、紧张焦虑,这些身体不适使你很难集中精力。要想集中精力保持高效阅读,你需要缓解疲劳,劳逸结合才能使注意力达到巅峰的状态。如果一整天连续不断地阅读,随着眼睛和大脑逐渐疲劳,你的注意力就会逐渐下降。正确的做法是每半小时休息5分钟。阅读时还要注意身体的反应,打哈欠、头疼、眼睛不舒服等身体不适都是疲劳的征兆。这是身体在提醒你应该休息了。你并不需要躺下来睡觉,只要走动一下,活动一下身体,喝点水,远眺一会儿都可以缓解疲劳。

试着把精力集中在一个事物上,看能维持多久。你会发现用不了多久,你的目光就会游移到别的地方,即使你的目光不动,你的大脑也开始走神了。因为注意力是动态的,要想把精力长时间集中在一个事物上,需要经过训练才能达到。

注意力是专一的,如果你想把注意力分散到不同的事物上,你会发现到头来什么都做不好。就像那只三心二意的小猫一样,一会儿捉蜻蜓,一会儿扑蝴蝶,结果一条鱼也没钓到。尤其是当你做一件需要高度注意的事情时,就更加不能一心多用。

注意力是随兴趣而来的,如果读者对读物缺乏兴趣,就会失去阅读动力,对阅读材料感到厌烦而读不下去。这些因素都有可能使读者不能把精力集中在阅读材料上,导致有阅读困难症。要想克服注意力缺乏和分散的情况,可以从3个方面着手,即兴趣、动力和目标。想象一下,当你兴趣盎然、精力充沛,一心想要实现目标的时候,你是不是就会把所有注意力全部集中在阅读材料上呢?

兴趣是对付注意力缺乏的最好方法。对所做的事情感兴趣,你就能集中注意力,对所做的事情越感兴趣,注意力就越集中。当你对一件事充满兴趣的时候,就能够全神贯注地投入进去。你甚至可以忘了时间,忘了吃饭和睡觉,忘了周围的一切,任何事情都不能让你分心。在阅读的时候也是这样,如果你对阅读这件事感兴趣,或者你对阅读的内容感兴趣,那么你就能兴致勃勃地投入到阅读活动中。具体如何培养阅读兴趣,可以参考上一章的内容。

动力和目标可以对付注意力分散的情况。问问自己为什么这样做,你就有了阅读的动力;明确了阅读目标,你就清楚自己想要的是什么。有了目标和动力,你就能全神贯注地完成一项工作,不会被周围的事物所干扰。如果目标不明确,不知道自己要从阅读中得到什么,不知道自己为什么要阅读,那么你很快就会分散注意力,关注一些对你更有价值的东西。

调动多种感官积极地阅读可以保证集中注意力。当你感到疲惫,但是不得不读的时候,调动多种感官可以把你全部精力集中在阅读上。传统的阅读只是眼睛在看,你的手可能在摸头发,你的大脑可能会想点别的事。现在你要使用手指阅读器,用手指书面上的文字，你的大脑要积极地思考看到的内容，并发挥想象力，不但能看到，而且能尝到、闻到、听到、感觉到，遇到重点内容或有疑问的地方，你要在书上做上标记。当你把所有的感官都调动起来的时候，就很难分心考虑别的事情了。

此外，为了保证集中注意力，还应该做阅读计划，设定阅读时限。比如在半个小时之内读完一节或一章的内容。内容的多少要根据材料的难度和你对材料的掌握程度来设定。不要太多，以免给自己造成压力，但是也不能太少，否则你会产生懈怠心理。应该设在比自己能力范围稍稍高出一点，使自己保持稍微的紧张，以便提高阅读能力。在阅读过程中如果发现设定得不合理，当然也可以灵活调整。

情绪对注意力的影响

影响注意力分散的内部因素除了生理因素，情绪因素也非常重要。过于紧张的情绪会影响你对信息的注意、处理和记忆。

比如当你遭受身体上或精神上的重大打击，或者目睹灾难之后，你受到重大的影响，但是你很难回忆起与事故有关的细节内容。因为在极度紧张状态下，血液中的皮质醇就会增加。皮质醇是一种激素，如果含量太多就会对人体产生不良的影响。这些皮质醇在整个身体系统中循环，进入大脑破坏葡萄糖，把钙变为自由基，由内而外地损害大脑细胞。葡萄糖是维持大脑运作的重要营养源，营养源的缺乏会使大脑无法正确存储记忆。在事故发生的时候，你可能和别人交谈过，四处走动过，但是由于过于紧张，当时的情景没有在你的大脑中留下任何印象。随着年龄的增长，还可能会引发健忘症、失忆症。

当你产生紧张、焦虑等不良情绪的时候，就很难把注意力集中在阅读材料上，没办法进行快速有效的阅读。引起不良情绪的因素有环境因素、社会因素和生理因素。环境因素包括噪声、混乱和污染。社会因素包括财务问题、人际关系问题、工作任务和最后期限等等。生理因素包括病痛、营养不良和缺乏锻炼。当这些因素导致你情绪紧张或焦虑的时候，你应该找出改善这些因素的办法，而不是想怎样才能不紧张。

此外，当情况超出你的控制范围，你就会感到紧张。在阅读过程中，如果阅读材料对你来说比较陌生，你可能会产生紧张和焦虑感，不能把精力集中在阅读材料上。

紧张的人常常暗暗发誓，一定不要紧张。其实，这样想反而使注意力更加集中在自己的紧张情绪上，越是提醒自己不能紧张，就越会意识到自己很紧张。正确的做法应该采取顺其自然的态度，比如我们在阅读的时候，头脑中如果出现杂念，先不要强迫自己排除杂念，我们不妨带着杂念坚持阅读，这样就会在不知不觉之中将注意力从杂念转移到阅读材料上。相反，如果我们奋力抗拒，坚决不让杂念出现，恰恰是把注意集中到杂念上，会更加意识到杂念的存在，最终反而更无法集中精力阅读。

强迫自己不紧张是在和自己过不去，会制造更大的紧张。正如有句话所说的"情绪如潮，越堵越高"。当紧张的情绪反应已经出现时，应该进行适当的调节。与这种紧张的情绪对抗是不明智的，正确的做法是体验这种情绪。首先要坦然面对并接受自己的紧张。你应该承认自己处在紧张的情绪之下，然后告诉自己在这样的情境之下感到紧张是正常的。想象自己站在身体之外观察你的紧张心理，这样可以避免受情绪影响。你还可以选择和紧张心理对话，问自己为什么这样紧张，自己所担心的最坏的结果可能是什么。

通常，我们感到紧张不安都是因为我们不能掌控局面，当你正视并接受这种情况的时候，你就能坦然从容地应对，有条不紊地做自己该做的事情了。排队杂念和紧张情绪是集中注意力的最好办法。我们付出行动之前往往容易心生杂念导致紧张，一旦开始行动，自然会注意力集中，如果从开始就思虑过重，其结果往往事与愿违。

当你产生不良情绪的时候就很难集中注意力，你会戴上有色眼镜看待周围的事物，身边的一切都将干扰你的情绪。比如一个男子要去向心仪的女子求婚，满怀期望和欣喜之情，走在路上看到老人、孩子、小狗，他都会表示友善的关爱。遗憾的是他遭到了拒绝，在回来的路上看到同样的老人、孩子、小狗，他感到非常厌恶，看什么都不顺眼。可想而知，带着负面情绪去阅读，很难把注意力集中。因为他的注意力已经被负面情绪左右了。

情绪是一种心理活动，受到各种因素影响，因而是变化无常的。今天和昨天的工作量一样大，但是由于环境、人际关系、身体状况等因素，你觉得今天做的事情比昨天多。这种感觉会逐渐发展为不良的情绪，形成恶性循环。你不能左右明天的天气，但是你可以左右自己的心情。莎士比亚也曾经说过："世上本无好坏，全凭个人想法而定。"

当然，如果你的情绪过于松懈，就会使注意力分散，也不会有很好的阅读效果。正确的做法是保持适度的紧张。

小练习

在这个竞争激烈的社会，我们常常会因为各种压力而心绪不宁。下面是一些调整情绪的方法，当你感到紧张或焦躁的时候，可以用这些方法让自己放松。

1. 找一个空气清新、光线柔和、舒适安静，而且不受打扰，可自由活动的地方，采用一个自我感觉比较舒适的姿势，站、坐或卧。

2. 活动一下身体的一些大关节和肌肉，做的时候速度要均匀缓慢，动作不需要有一定的规范，只要感到关节放开，肌肉松弛就行了。

3. 做腹式呼吸，慢慢吸气然后慢慢呼出，每当呼出的时候在心中默念"放松"。

4.将注意力集中到一些日常物品上。比如,看着一朵花、一点烛光或任何一件柔和美好的东西,细心观察它的细微之处。点燃一些香料,微微吸它散发的芳香。

5.闭上眼睛,尽情地想象一些恬静美好的景物,比如开满鲜花的田野、蓝色的海水、金黄色的沙滩、朵朵白云、高山流水等。

6.做一些与阅读无关的、自己比较喜爱的活动。比如游泳、洗热水澡、逛街购物、听音乐、看电视等。

环境与注意力

环境因素是导致我们注意力分散的一个重要原因。比如嘈杂的声音、乱七八糟的摆设、污浊的空气都不利于我们集中精力进行阅读。

有人在充满噪声的环境里很难集中精力进行阅读,需要在比较安静的环境里读书。但是环境不会随着我们的心愿而改变,有些噪声是我们不能控制的。如果你在开放式的办公室里工作,为了避免噪声对你的影响,可以选用下面两种方法排除噪声的干扰。

你可以带上适合自己的耳塞。有些耳塞隔音效果很好,而且戴上之后比较舒适。现在市场上有专门的隔音耳塞，可以消除或降低噪声的分贝数。

你还可以戴上耳机听一些柔和的音乐，最好是没有歌词的轻音乐。音乐的风格应该比较舒缓，但是也不能太过舒缓，否则听的时候你就想睡觉。听的时候，音量要调低点，不能太刺激，否则你会把注意力集中在音乐上而忘记你在看书。乐曲不能太单调，应该有所变化，否则你会感到乏味。

巴洛克风格的音乐对提高注意力很有帮助，它们能够让你放松身体的同时保持头脑清醒。莫扎特、贝多芬、维瓦尔第的一些作品也适合在阅读的时候听。你可以选几首自己喜欢的曲子，比较一下听哪首曲子时注意力容易集中。下面几首曲子已经通过测试，证明能够帮助我们集中注意力，提高阅读效率：

巴赫的 f 小调大提琴协奏曲，广板。

维瓦尔第的 D 大调吉他与弦乐协奏曲，广板。

科雷利的 d 小调协奏曲，广板，作品第五号。

非常寂静的环境也让人无法忍受，甚至会引起紧张和恐惧的感觉，一定要小声嘟囔一下才能安心。由于心情不同，我们对不同环境的反应也是不同。比如收音机里播放同一首歌，昨天听的时候想立刻把它关掉，今天听的时候却把音量开到最大，跟着一起唱。

阅读时不要让任何东西打断你，直到你完成阅读任务。无论在办公室还是在家里，你阅读的时候很难不被打扰，总有一些东西吸引你的注意。有人会给你打电话或者发邮件，有人甚至会亲自来找你，使你的阅读中断。如果有必要，你应该为自己准备一段专门的阅读时间，不接听电话，不会见客人，打出"请勿打扰"的牌子。

摆脱混乱的状态可以让你集中精力。如果书桌上的文件和书籍摆放得乱七八糟，阅读时这些东西就会吸引你的注意，弄得你心烦意乱。你会感到不能控制环境，进而变得紧张，头脑不能保持清醒。如果把书桌上的物品摆放得井然有序，那么无法控制环境的感觉就会减轻，就能把精力集中在阅读材料上。

让人感到烦恼的是办公桌上常常有一些没用的文件占据空间。你应该定期清理这些文件，把没用的资料收起来或者扔掉。一个好办法可以帮你及时地处理没用的文件——把所有的资料装进一个文件夹里，需要的时候从文件夹取出，如果确定近期还要用，看完之后就把文件放在最上面。这样经过一段时间之后，没用的文件就会渐渐沉到底部。每3个月把最下层的文件拿出来扔掉，因为如果一份文件3个月不用，那么再用到的可能性就很小了。

理论上说，安静、整洁、舒适的环境更适合阅读，但是并不是对所有人来说都是如此。有些人就习惯于在乱糟糟的环境里阅读，如果把书桌收拾得特别整洁反而会感到不自在。有些人甚至喜欢在卫生间阅读重要文件，在卫生间里他才可以全身心地投入，保持较高的阅读效率。如果那是适合他阅读的环境，又有什么不可以呢？找到适合自己的、能够帮助自己集中精力的阅读环境非常重要。

你可能有过这样的经历，在一个特定环境中，想到以前在同样的环境中发生的事。这种情况叫作情景记忆。比如不少学生在考试的时候常常会发挥失常，那是因为他们学习的环境与考试的环境明显不同，学习环境是舒适轻松的，考试的环境是紧张严肃的，环境的巨大差异使情景记忆没法发挥。还有一种情况是你要进行演讲或参加面试，你准备得很充分，但是当你面对听众或面试官的时候，环境的不同使你的大脑变得一片混沌，准备好的台词一句都想不起来。

如果长时间进行阅读，注意力就会遭受耗损，这种注意力的耗损又叫作"精神疲劳"。精神疲劳对于注意力集中有不利的影响。在注意力研究领域，有人提出了一种可以降低精神疲劳，并能够恢复注意力的方法——注意力恢复理论。这个理论的一部分就是通过外界环境帮助恢复注意力，具有此类效果的环境叫作"恢复性环境"。比如草木繁盛的自然环境对于恢复注意力有很好的效果。远离让你分心的生活环境或让你不悦的刺激物都有利于帮助你恢复注意力。当你进入一个在时间或空间上扩展成为一个更大而且完全不同的环境时，你会有新鲜的体验。这同样有利于你恢复注意力。

改善注意力的实用方法

阅读过程中，注意力是打开我们心灵的大门。这个门开得越大，我们吸收到的信息就越多。相反，如果注意力涣散或无法集中，心灵的门户就关闭了，一切有用的知识信息都无法进入。正因为如此，法国生物学家乔治·居维叶说："天才，首先是注意力。"注意力的集中作为一种特殊的素质和能力，不但可以提高阅读的效率，还可以使你思维更敏捷，反应更迅速。比如你在休息和玩耍中可以自由散漫，一旦开始做一件事情，就能迅速集中自己的注意力。集中注意力的素质和能力可以通过一些方法得到改善。下面这些方法可以帮你改善注意力，提高自己专心致志的素质。

首先，注意力是心智方面的速度和能力，要想改善注意力，应该在信念和意志方面下功夫。你应该确立一个提高注意力的目标，对培养专注度感兴趣，并且相信自己一定具有使注意力集中的能力。

确定一个目标之后，你就会朝着目标的方向发展。当你给自己设定了一个要自觉提高自己注意力和专心能力的目标时，你就会关注如何集中注意力，如何训练专注度，经过一段时间的训练，专心致志的素质就会得到很大提高。因此你要给自己确定一个目标：从现在开始，我要比过去更加专注于阅读。有了这个信念以后，你就能更好地排除外界干扰。比如现在你对自己说："我要在注意力高度集中的状态下学习本节的内容。"那么在阅读本节内容的时候,你就会更加专注。

兴趣是最好的老师,如果你对培养专注度感兴趣,就会积极地投入到各种训练中,对自己感兴趣的文章更容易集中注意力,因此要利用自己的兴趣集中注意力。对于那些自己还缺乏理解、缺乏兴趣的事物,我们必须研究它、学习它,发现它的有趣之处。因为兴趣是在学习、掌握和实践的过程中逐步培养的。

要相信自己能够集中注意力,相信自己可以具备迅速使注意力集中的能力。只有对提高专注度充满信心,才能排除外界干扰,做到注意力高度集中。不要给自己这样的不良暗示:我无论如何也不能集中注意力。

注意力分散的主要原因就是外界的干扰和内心的干扰,训练注意力也要从这两方面着手。

虽然耳塞和音乐可以排除一些外界的干扰,但是有些干扰因素还是难以避免的。训练注意力,就是要在嘈杂的环境中也能够集中精力。这样就可以训练自己的抗干扰能力。你也可以试着做这样的训练,在嘈杂的环境中阅读,达到对周围的一切因素置若罔闻的境界就成功了。

内心的干扰比环境的干扰更严重。内心干扰是一种情绪活动,要想集中精力就要把干扰阅读的不良情绪排除掉。调整呼吸、放松身体和神经是很好的方法。下一节我们将详细介绍一些有效的方法。

劳逸结合是改善注意力的好方法。如果你长时间阅读,随着眼睛和身体的逐渐疲劳，注意力也会逐渐下降。适当地休息片刻可以改善注意力、记忆力和情绪的状态，当你再回来阅读的时候，阅读效率会有明显的提高。但是如果休息的时间过长，就会适得其反。如果你打算进行长时间的阅读，最好间隔性休息，每次休息 10 分钟左右。休息之前在阅读停止的地方做上记号，在大脑中重复对最后一句话的理解。休息过后，先回顾阅读停止位置之前最后一句话的理解，使前后内容衔接顺畅，再继续阅读。这样就能张弛有度，达到训练集中注意力的目的。

整理你的书桌，在阅读的时候在书桌上尽量不要出现和阅读材料无关的东西。在你的视野中，只有你现在要阅读的书籍。这在训练集中注意力的最初阶段是很必要的，否则你很容易分心。

除了整理书桌之外，还要整理大脑的思绪。和书桌一样，大脑中的各种与阅读无关的情绪、思绪和信息也会让你分散精力。把无关的东西清理掉，你就能把百分百的精力投入到阅读材料中了。这样可以帮助你快速进入阅读状态。如果你能够做到一分钟之内没有杂念，进入阅读状态，你就很了不起。如果你能够在几秒钟之内进入阅读状态，那你就是天才了。

如果在阅读过程中出现你不理解的内容，不要在这部分内容上逗留太久，先存疑，接着往下阅读。如果你感到阅读困难，注意力就很容易分散，千万不要因为小疑惑而被羁绊，就对整本书望而止步。如果你接着往下读，也许疑惑就解开了。后面的内容还会增进你对前面内容的理解。

此外，调整饮食也可以帮我们把注意力保持在最佳状态。合理的饮食可以给大脑供给足够的营养。脑细胞工作时，需要大量氧气和碳水化合物。大脑的主要成分是蛋白质、脂类(主要是卵磷脂)以及对大脑最有影响的维生素B_1和烟酸等。因此在满足热量的前提下，还应摄入足够的蛋白质和维生素。如果你想长时间集中注意力，应该采用少吃多餐的饮食策略。

小练习

如何训练自己的感官注意力？

1. 训练自己的视觉注意力。在一段时间内集中精力注视一个目标，而不被其他的图像所转移。除了你的目标之外，对其他的东西视而不见。

2. 训练自己的听觉注意力。在一段时间内集中精力倾听一种声音，在嘈杂的环境可能有成百上千种声音，但是你只听其中的一种，比如鸟叫声或人们说话的声音，把其他的声音屏蔽掉。

3. 你还可以训练触觉、嗅觉和味觉。集中精力体验风吹在脸上的感觉，感觉周围空气的温度，认真闻一闻玫瑰花的香味，细细咀嚼一个苹果，仔细体验苹果的味道。你们还可以在整个世界中只感觉太阳的存在或者只感觉月亮的存在。

这种感官注意力的训练可以让你快速提高专注度。

第八章

学会从宏观上把握一本书

把握书籍的分类

通过检视阅读,我们可以了解一本书的主题、结构,作者的主要观点和写作思路,这些都是框架上的内容。要想吃透一本书就必须了解细节的问题,因此还要进行分析阅读。分析阅读的一个重要原则就是在阅读之前明确你将要读的书是什么类型的。

书籍的分类很重要,了解书籍的类别,可以让我们更好地理解书中的内容。如果读者不明白自己看的是一本什么类别的书,就根本不可能回答更多的关于这本书的其他问题。这就是为什么很多作者在书名和前言上下功夫,以求让读者了解书的类别。

各种类型的阅读材料浩如烟海,比如报纸、杂志、期刊上面的文章,短篇小说、长篇小说、传记、散文、诗歌,各种学习材料,以及包含大量数据信息和理论的文件。除此之外,在互联网上还可以通过搜索引擎找到数以亿计的网页。人类的所有智慧和经验都能在以文字为载体的资料中找到。不同的阅读材料有各自不同的特点,因此在阅读的时候也要考虑材料的类型,区别对待。在阅读玄幻小说的时候,不能把书中的情节当成真事来看。当然,也不能把科学理论当作虚幻的东西来看。不同类型的书有不同的读法,在后面我们会详细介绍。

阅读的第一步需要明确阅读材料的类别。最主要的一种分类法是把阅读材料分为虚构的小说类和传达知识的论说类。小说类可以根据内容分为历史小说、都市小说、言情小说、武侠小说、玄幻小说等。论说类的书籍又可以分为社会科学类和自然科学类,社会科学类的书籍又可以分为历史类、哲学类、社会类、经济类等,自然科学类的书籍又可以分为物理类、化学类、生物类、机械类等。

也许你相信自己能够一眼区分出小说和非小说,但有些书籍的类别并不是很容易分辨,比如怎么判断你所阅读的书籍是一本虚构的小说还是一本论说性的书籍。

事实上,很多小说中包含太多的社会科学的观点,一些社会科学论著中也有很多小说的影子。一些科幻小说中可能出现很多物理和化学的理论,何况现在还有一种文体介于小说和非小说之间。印度移民作家奈保尔的作品大部分兼有两种或两种以上的文体。他的小说中总是包含非小说的因素,非小说中又总是包含小说的因素。导致二者没有明显的界线。

论说性的书是指作者根据一些事实、数据和道理得出的,由观点、理论、假设和推断组成的传达知识的书。大部分论说文和小说一样可以一眼就识别出来,但是和小说一样,有些论说文也不是很容易识别的,比如历史类和哲学类的书有很多相似之处,但是所提供的知识和启发截然不同;生物学和生理学也有很多相通之处,但是二者强调的重点还是有很大差别的。

书名、前言和目录可以让书籍的分类变得容易一些。爱因斯坦和英菲尔德合著了一本科学著作《物理的演进》。从书名中我们可以知道这是一本关于物理学的科学著作，而不是一本科幻小说。他们在这本书的前言中明确地告诉读者，他们写的是"一本科学的书，尽管可读性很强，但是不能用读小说的方法来阅读"。他们还对书中的内容进行分析，提醒读者进一步深入了解概念中的细节。通过阅读目录我们可以知道一本书讲的主要内容。比如奥古斯丁的《上帝之城》、卢梭的《社会契约论》和霍布斯的《利维坦》，阅读这3本书的目录，我们就可以了解到这3本书都是关于政治的论述，而且讨论了一些共同的问题。

此外，你需要在自己的心里明确一个给书籍分类的标准，因为有时仅仅通过书名、前言和目录仍不能保证你做出准确的辨别。仅仅看名字，你无法判断柏拉图的《理想国》、亚当·斯密的《国富论》有哪些相似和不同的地方。如果你不清楚伦理学属于社会科学，就可能把它和生物学归入同一类，如果你不了解生物学和生理学属于不同类型的科学，就无法进一步区分二者的差别。

你需要训练自己从不同的书籍中找到相似点和不同点的能力。随着阅读书籍种类的增多，这种能力就会不断加强，通过一段时间"训练"心中就有了不同的分类标准，从而能够快速判断出一本书所属的类别。

按照一本书中内容的可操作性，可以分为理论性作品和实用性作品两类。实用性作品是指能够带来实际效用的作品，不管是暂时的还是长远的。理论性作品则纯粹是为了说明某个道理，或者论证某个问题。二者的差别类似于纯科学与应用科学之间的差别。前者让我们明白一些道理，后者指导我们该做什么，不该做什么，应该怎样做。有时你可以根据书名做出判断。如果书名中出现"论""原理""原则"等字眼，那么这本书很可能是理论性的作品。如果书名中有"如何""怎样""技巧""方法""指南""手册"等字眼，那么这本书就是实用性的作品。

你可能认为一些书并不能给你带来指导，或者你认为书中的方法是错误的，但是这并不妨碍你把它归入实用性的作品。比如你可能认为康德的《实践理性批判》中所说的道德观念和行为准则是不实际的，但是你还是应该把它归入实用性作品。因为作者写作的意图在于说服你跟随他的建议。

吃透书的结构

分析阅读的一个重要任务就是分析书中内容的结构。不管你读的是什么类型的书，都应该掌握它的整体性和组织架构。任何一本书都不是由乱七八糟、毫无逻辑的句子组成的，而是按照一定的秩序把语言组织成段落，把段落组织成文章，表达出一个中心思想的。

分析阅读要求我们读完一本书之后，能够用简短的句子概括整本书的大意，找出这本书的主题和重点以及作者的写作意图。怎样才能证明你已经清楚地了解了一本书的内容呢？一个有效的办法是用三言两语告诉别人这本书讲了什么。你的描述不能太多，如果你啰唆很多还不能说明白，证明你只是了解了书中的一些信息，没有把握书中的整体内容。如果你认为自己理解了书中在讲什么，但是表达不出来，那只是自欺欺人而已。

你可以从书名或前言中获得一些信息。比如小说《堂·吉诃德》原名为《奇情异想的绅士堂·吉诃德·台·拉·曼》，从这个名字中我们就可以了解到这部小说的主人公是一个"奇情异想的绅士"。历史小说常常以历史事件或历史人物作为标题，比如《康熙大帝》。

作者会在前言中概括书中的精华内容，介绍自己的写作意图，引导读者阅读。比如希罗多德写的关于希腊民族和波斯民族战争的《历史》，在引言中这样介绍了书中的主要内容和作者的意图：

出版这本书是希望提醒人们，前人所做的事情，以免希腊人与异邦人伟大的事迹失去了应得的光荣，此外还记录了他们在这些宿怨中的领土状态。

有些书籍的封面有出版社的介绍或名人的推荐，从中我们也可以了解文章的大意。比如：

两卷本《康熙大帝》包括《夺宫》《惊风密雨》两个分册。《夺宫》写康熙8岁登基后，同辅政大臣鳌拜阴谋篡权集团作斗争的故事。《惊风密雨》写康熙亲政后，同以吴三桂为首的三藩割据势力作斗争的故事。

作品在对康熙初年的历史事件的惊心动魄的描画里，成功地塑造了众多各具特色的历史人物，康熙从少年到青壮年的成长过程，以及他超智拔群的治国才能、雄才大略、运筹帷幄的英雄本色也得到了充分展示。作品用艺术形象突出了封建皇帝康熙在统一祖国、开创康乾盛世历史上所起的巨大作用。

作者的介绍和出版社的介绍都只起到参考的作用。要想真正读懂一本书，你必须通过自己的努力整理出文章的大意。一本书的大意可以有不同的诠释，即使你总结的文章大意和中心思想与作者的介绍有所不同，你也不用感到难过，因为同一本书对不同的人来说，会有不同的感受。不管由谁来概括文章的大意，都会加入自己的理解，只要客观准确地诠释出作者的主要内容和中心思想就可以了。

概括出书中的大意，也就是把握故事的主干或文章的主要论点。抓住故事主干和主要论点之后就能提纲挈领，把握一本书的整体结构。其余部分都是细枝末节，补充次要的内容，就会使文章有血有肉了。对多本书进行分析你就会发现，所有的故事情节不过那几种类型。比如古代的爱情故事都按照这样一个模式：秀才落难、小姐相助、花园幽会、历经磨难、终成眷属。几乎所有的现代爱情故事的情节也可以简化为：男孩遇到女孩——男孩失去女孩——男孩又得到女孩。书中内容好看与否全在于细节内容的填充。

分析阅读的另外一个任务是研究一本书的目录或一篇文章

的段落，分析它们是如何按照一定的顺序组成一个整体的。我们能看到的所有东西都是由多个部分组成的整体，文章和书籍也不例外。文章是由多个段落组成的，书籍是由多个章节组成的。在进行分析阅读时，我们要分析由多个部分组成的整体是怎样呈现出同一面貌的，各部分之间是什么关系。各部分之间绝对不是互不相干的，而是相互融合的有机体。相互之间存在有机联系才构成一个整体，否则只是简单的集合。书中的每个部分都贡献自己的一分力量，按照一定的秩序排列起来。好书都有完整的整体架构，各部分之间很统一，可读性强；坏书则各部分之间显得很散乱，不成体系，可读性差。

要想读懂一本书，就要把握书中的架构和规划。把握一本书的结构的一个重要方法是用图解拟定大纲，列出各部分的纲要。比如按照下图这个模式分析每一章、每一节的主要内容以及章节之间的关系。

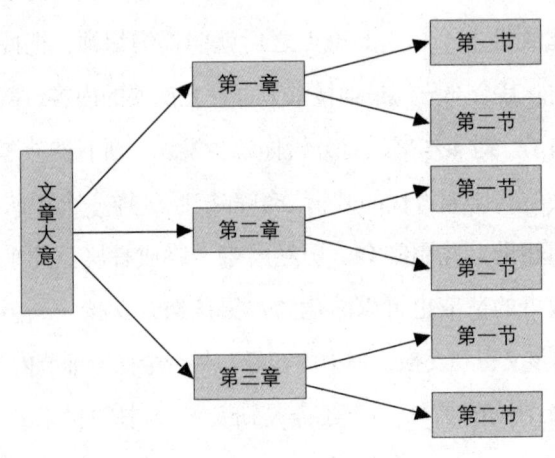

```
                    ┌─→ 第一节
        ┌─→ 第一章 ─┤
        │          └─→ 第二节
        │
        │          ┌─→ 第一节
文章大意├─→ 第二章 ─┤
        │          └─→ 第二节
        │
        │          ┌─→ 第一节
        └─→ 第三章 ─┤
                   └─→ 第二节
```

刚开始做这种大纲的时候,你可能会感到麻烦,但是,要知道,大部分优秀的阅读者都是用这种方式来获得一本书的整体架构的。当你熟悉这种技巧之后,你会发现很快就能掌握文章的结构。在阅读一些内容简单的书时,不用在纸上画出大纲,只要在头脑中想象出各部分的内容,以及相互之间的关系就行了。

这个模式也不是一成不变的,你可以根据文章的内容加以改变,目的是更好地把握文章的结构。比如在阅读小说的时候,你可以根据事件的发展过程来把握文章的结构。在阅读一本论说性的书时,则要通过作者的论点来把握文章的结构。论说性的文章或书籍一般是开门见山,将主要观点写在第一段。这类文章不同于小说,给人的疑惑越少,越能吸引人读下去。

吃透文章的结构是读者的责任,就像当初作者有责任设计好文章的结构一样。优秀的阅读者应该善于领会作者对书中整体内容的设计。

理解作者语义

一个山西人和一个广东人各自操着自己的方言与对方交流,互相听不懂对方讲的话。双方的交谈好比对牛弹琴,因为没有共通的语言,必然无法沟通。在阅读的时候也是一样,如果你和作者之间没有共通的语义，那么你就根本不能理解作者在表达什么意思。

理解作者的语义是分析阅读的第二个阶段。在进行分析阅读的时候，需要找出与作者共通的语义，语义不同于单词，一个单词可以有多种语义，可能用这个单词表达的是这个意思，但是读者理解成另外一个意思。这时读者与作者之间就没有共通的语义，双方之间没有达成共识。

阅读是读者试图理解作者传达的知识、情绪和思想的过程。只有找到与作者共通的语义的时候，才能恰当地理解作者的思想和情感，才能对一些事情达成共识。读者和作者沟通的媒介就是单词，只有对单词的意义达成共识，双方才能顺畅地沟通。虽然一个单词可以有很多意思，但是每次使用的时候作者就赋予了它特定的含义。读者的任务就是确定作者所用的是单词的哪个含义，通过前后文的分析使单词的意思清晰起来。

字典只能告诉我们一个单词可能有的含义，不能告诉我们作者所使用的含义。单词的词义只有在作者表达某一个特定意思的时候才会明确起来。要想达成共识，作者应该和读者一起努力。作者应该尽量避免词义的模糊，而应清晰地表达自己的意思；读者应该跟随作者的思路，体会作者试图表达的语义。

当然，在诗歌中，朦胧含蓄是一种表现手法，诗人表达的意思越模糊，留给读者的想象空间越大。读者也可以根据词义进行天马行空的想象，推测出更深更广的含义。但是，这里我们主要讨论的是论说性和科学性的作品。对这两类作品来说，读者对语义理解得越准确，阅读效果越好。

理解作者的语义，就是要找出文章的关键词，并搞清楚作者是怎样使用这些字的，透过这些关键词与作者达成共识。这个过程可以分为两个步骤：找出关键词；确定这些关键词在文章中的精确意思。

如果每个单词都只有一个意思，那么读者就可以透过文字直接了解作者所要表达的意思。读者和作者可以直接通过文字媒介达成共识，也就不需要对文字进行诠释了。遗憾的是，事实并非如此，文字不是完美的沟通工具，因为文字的多义性会给沟通造成障碍。优秀的读者应该努力打通这道障碍，与作者的思想相呼应。

单就"幻想"这个词来说，就有两层意思，既可以指脱离实际的空想，也可以指对未来发展无拘无束的想象。前者含有贬义，比如，你这种想法完全是一种不切实际的幻想。后者则为中性词，再比如，我幻想着自己长上翅膀遨游太空。如果把第一层意思理解成第二层意思，读者和作者之间就有沟通障碍，不能正确领会作者所表达的意思。

· 找出关键词

在一本书中，并不是每个字都同等重要。通常作者的主要思想是借助一些特殊的、重要的词语表达出来的。阅读的任务就是要找到这些关键词。只有当作者用特殊的方法运用这些词的时候，才说明这些对作者来说是重要的。当然，如果作者没有创造新词，没有对词汇采用特殊的用法，读者就比较容易理解作者的意思。

如果你阅读的是过去人所写的书，需要弄明白那个时代的人用词造句的习惯。比如五四时期，陈独秀等人倡导新文化运动，开始写白话文。那时文章的语言有很多共同特点，要想顺畅地读懂那时的文章，就要弄明白一些特色单词的语义。举例来说，文章中"底"的意思一般是助词"的"。比如早期白话代表诗人康白情在《新诗底我见》中有这样一句话：

辛亥革命后，中国人底思想上去了一层束缚，染了一点自由，觉得一时代底工具只敷一时代应用，旧诗要破产了。

有些作者还会使用生僻字、陈旧字等你所不熟悉的字词，加大了理解的难度。我们在阅读古文和外文书籍的时候也会遇到同样的问题，需要借助词典和其他参考资料理解作者的意思。

翻开任何一本书的任何一页，除去介词、助词、连词、语气词等没有实际意义的词之外，就是名词、形容词、副词、动词。从这些词中找到与文章主题相关的字眼就是关键词。你可以通过一些特点识别关键词：一般来说出现频率较高的，让你感到不容易理解的单词往往是文章的关键词。比如，你正在阅读的这篇文章中重要的字眼是：语义、理解、关键词。有时作者会通过特殊的字体、字号，或粗体、斜体等效果特别强调某些关键词，以引起读者的注意。有时专业书籍中会使用一些专门的术语（比如达尔文的《物种的起源》一书中"物种"是他的专门术语），作者一般会花费一定的篇幅对这些术语的含义进行解释。

· 理解作者的语义

找到关键词之后,就要理解作者通过这些关键词所要表达的意思。有时作者在书中多次使用这个单词表达同一个意思,这种情况比较容易掌握。有时作者会赋予一个单词多个意思,在书中不同部位不断变换词义。这就需要你先判断关键词有一种含义,还是有多重含义。如果有多重含义,则要确定这些词出现在文章某个地方时所采用的含义。

有一个方法可以帮你确定单词在特定语境下的含义,就是联系上下文,根据你能理解的文义推敲你不了解的那个关键词的意思。任何一本书中的大部分字都是我们能够理解的,而且这些我们能够理解的字都是围绕我们不太理解的关键词展开论述的。所以我们能够通过这些熟悉的字解读那些关键词。这是理解作者语义的最直接、最有效的方法。经过耐心练习之后,你就能体会这一点。

判定书的主旨

分析阅读的另一个任务就是判定书的主旨。所谓书的主旨就是作者表达他对某件事的判断。在论说性的文章中,作者通常会承诺指导我们做某件事或告诉我们某个道理。要想知道作者是否遵守了他的承诺,就要找到文章的主旨。

虽然一般来说是读者抱着对作者的信任感来阅读，但是如果书中的主旨没有足够的理论支持，只是作者抒发个人想法，除非读者对作者盲目崇拜，否则不会造成什么影响。因此我们不但要知道书中的主题，而且要知道作者对主题的观点，以及作者为什么持有这样的观点。

在文章中我们可以找到一些因果关系的句子，根据这些句子可以了解作者是如何论证自己的观点的。比如"因为……所以……""既然……就……""……因此……""根据……可知……"作者提出的每个论点都会有一系列的根据和理由。只有前提和论证过程没有错误，才能证明作者的论点是正确的。

文章中的每个论点都需要一段文字或至少几句话进行阐述。上一节中我们强调的是通过关键词理解作者的语义，这一节中我们将分析作者通过句子和段落所传达的主旨。找到书中的重要段落和关键句子，就可以找到作者写作这本书的主旨。

· **找出关键句**

文章的主旨是逻辑的单位，也就是思想和知识的单位。遗憾的是语言与思想或知识之间不是一对一的关系。并不是书中的每个句子都在表达文章的主旨。主旨是作者声明的知识和观点，表达知识和观点的句子通常是陈述句。提出问题的是疑问句，主旨则是问题的答案。文章中表达希望和企图的句子可以帮助我们了解作者的意图，但是不直接传达作者的主旨。

并不是每个陈述句都表达一个主旨。由于字眼的歧义，一个句子可以表达两个意思。比如"阅读就是学习"这句话，可以表达学习知识，也可以表达增强理解力。有些复合句子也可能表达多个意思。比如用"如果……就……""虽然……但是……""不但……而且……"等连接词连接起来的句子可以表达多层意思。

一个看似简单的句子也可以表达不止一个意思，比如"张先生签了 10 月 5 日的合同。"这句话虽然简单，但是传达了两层意思：张先生签了合同，合同日期是 10 月 5 日。

优秀的阅读者应该善于找出书中的关键句子，分析文章的主旨。一本书中关键的句子只有少数几句话，我们需要思考全书中最重要的句子在哪里，应该怎样诠释这些句子。速读时对那些不重要的句子应该快速略过去，重点阅读那些需要花费努力来解释的句子。因为关键句子通常不容易理解，你需要读得仔细一些。对作者来说越重要的句子，越需要读者付出努力才能理解。

文章的主旨是作者对事件或观点做出的肯定或否定的判断，以及他做出判断的理由和依据。有些作者会在重要的句子底下画线或者用斜体、黑体引起读者的注意。那些被作者标上记号的句子应该重点阅读。

论说性的书籍一般会把主旨写在开头部分。因为作者的写作目的就是让读者了解他的观点，所以会把主旨放在最引人注目的位置。有些作者会用提问的方式引出自己的观点，把主旨放在答案的部分。

对读者来说，如果读到难于理解的句子，就应该在那个句子上做上标记，因为那很可能是作者要表达的主要意思。学习的本质就是解除自己的疑惑,如果读一本书时,你没有遇到任何让你感到困惑的句子,那么这本书对你来说也就没有什么意义了。

另一个找出关键句的方法是依据前面我们找出的关键词。关键词所在的句子通常就是关键句子,同理,如果你对某个句子感到难于理解,句子中的主要词汇通常就是关键词。当你理解了句子的意思,也就明白了关键词的语义。当你弄懂关键词的意思的时候,也就理解了句子的意思。二者是密不可分的。

读者还可以根据文章的结构找到关键句子。演绎式的文章结构通常把主旨放在文章的开头部分,归纳式的文章结构通常把主旨放在文章的结尾部分。分辨出作者写作的顺序和方式,就可以到相应的部位找出文章的主旨。

· 分析文章的主旨

找到关键句子之后,就要根据这些关键句子分析文章的主旨。理解句子意思的最好办法就是用自己的语言诠释关键句子。一个主旨可以由不同的句子表达。每个句子都可以有不同的说法。如果你掌握了文章的主旨,即使作者用其他的句子来表达,你也能识别出来。当你可以用自己的话复述书中的关键句子时,你已经掌握了书中的主旨。比如"教学相长"可以用另一个句子来表达:"传授知识与接受知识是互相促进的过程"。

你可以尝试做这样的练习,从阅读材料中找一些复杂的句子,用自己的话把句子的意思写出来。最好用完全不同的用语来复述作者的话。如果你只是在个别字词的前后顺序上做一些小改动,说明你只是鹦鹉学舌,未必理解了作者的意思。如果你很难改动作者的字句,说明你只是从作者那里得到了一些信息,还没有把握文章的主旨。这类似于进行翻译的时候,如果我们不能准确地把一句外文翻译成中文,说明我们没有读懂那句话。

另外一个检验自己是否理解文章主旨的方法,是举例说明作者所表述的意思。如果你不能举出一个虚构的或现实中的例子来说明作者的思想,证明你没有完全理解作者的意思。比如作者的主旨是"任何一种制度都有产生、发展、消亡的过程",我们可以举科举制度的例子进行说明。

判断书的主旨是分析阅读的精髓,可以帮助我们更好地理解文章的内容,真正把作者的思想和知识转化为自己的东西。如果你只能重复作者所说的话,那你就没有真正掌握文章的主旨。

评价书的价值与观点

了解了书中的主旨之后,接下来我们要评价作者的观点是否正确,书的内容对自己是否有价值。

阅读文章之后,读者应该发表自己的评论。这是主动阅读的本质特征,主动阅读不仅要求读者了解作者表达了什么内容,而且要对作者的观点进行评价。只有这样才算完整地阅读了一本书。如果照单全收作者的观点，自己的大脑就成了别人思想的跑马场，也就成了文字的奴隶。只有提出自己的观点和看法，才能真正成为文字的主人。前面我们提到过，阅读的过程是读者和作者进行交流的过程。书上的文字是作者所要表达的意思，作者说完之后，就轮到读者来表达自己的观点了。

有些人可能会有这样的疑惑，我的水平远不如作者，怎么可以对作者的观点做出评价呢？作者可能比读者高明，但是这并不能剥夺读者发表自己见解的权利。当读者能够对书中的内容发表看法的时候，说明他已经提升到与作者同样的水平了。如果读者这时不发表自己的见解，反而是对作者的不尊重。学习者的美德不是被动地顺从，而是积极主动地消化吸收作者传达的知识和思想。如果只是被动地接受，就不能发挥独立的判断力，也就不能真正学到任何东西。传统教育的缺陷就在于此，填鸭式的教学方法使学生被动地接受很多信息，但是没有独立思考的能力，缺乏创造力。

只有针对作者的观点，提出自己的看法，才是积极的阅读。当然，前提是充分理解作者所说的观点。这是一个重要的原则，就像我们对一个人的品格做出评价，必须建立在了解这个人的基础之上，才能公正地做出评价。

当你对作者的观点做出评价之前，最好先确定自己理解了作者的意思。你应该有自己的主张，但是除非你确定自己了解作者在说什么，否则你的意见是不客观的。只有当你掌握文章的主旨之后，才有资格对其做出评价。作为一个负责任的阅读者，你也有义务这样做。

不管你是否同意作者的观点,都要花费一定的时间和精力做出判断。如果你同意作者的观点,要有自己的理由。如果你反对作者的观点,也要讲出自己的道理。在不了解文章内容和作者主旨的时候,就盲目做出判断,是对自己和作者双方都不负责任的表现。因为你根本不知道自己赞成或反对的是什么。

说到评价,有人就会联想到批评。评价不等于批评,不要把评价和不同意混为一谈。同意或者不同意都有可能对,也都有可能不对。评价的出发点是真理,而不是你的主观倾向。如果根据个人的喜好对作者的观点进行评价,就失去了评价的意义。

必须完整地读完一本书之后,再对书中的内容做出判断。如果你只读了一两页就盲目做出结论很可能会断章取义,或者误解了作者的意思。当你对一个作者做出评价时,最好了解这位作者的多部重要著作再发表自己的看法。如果根据一本书对作者的思想做出判断,很可能会得出片面的结论,不能完全了解一个人的思想。因为作者不可能在一本书中阐述自己所有的知识和思想。如果你想对康德的思想做出评价,不但要看他的《纯粹理性批判》,还要阅读《实践理性批判》。如果你想对马克思做出评价,不但要阅读《共产党宣言》,还要阅读《资本论》。

当你不同意作者的观点时,不要争强好辩,应该保持理性,客观公正地提出自己反对的理由。你应该清楚阅读的目的是获取知识,而不是推翻作者的观点。学习真理比赢得推论更重要,因此在阅读的时候应该时刻提醒自己,阅读的目的是增长知识和理解力,而不是批驳作者。读者要表达相同或不同的意见,可以认同作者的观点或者对作者的观点提出质疑。不管认同还是反对,你应该关注的是关于这件事的真理是什么。

没有一本书好到无懈可击。欲加之罪,何患无辞?为反对而反对,很容易鸡蛋里挑骨头地找出作者观点的漏洞。苏格拉底在和学生的对话中说:"苏格拉底是很容易反驳的,但是你不能反驳真理。"

作者写一篇文章的目的是为了向读者传达某些知识或说服读者相信某些道理。读者阅读一篇文章的结果,要么同意作者所说的观点,要么不同意作者的观点。如果不同意,一定要给出不同意的理由。比如,作者的观点有错误,作者的观点不完整,作者的分析不合逻辑。如果同意,也不应该盲从,不但要知其然,更要知其所以然,理解作者的观点为什么是正确的。这样的阅读态度才是对作者的尊重,因为毫无根据地支持或反对也是没有意义的。

优秀的阅读者应该在真理本身、作者的观点和自己的观点之间做出区分。如果不加鉴别地同意作者的观点,就是把作者的观点当作真理了。而在没有充足的证据和理由支持的情况下就说一个观点是真理,未免太草率了。

总之,正确地评价书的价值与观点,应该遵从3个原则:

1. 在理解作者观点的基础之上进行评价。
2. 要保持理性,客观公正地做出评价。
3. 评价应该有所根据,不要盲目反对或盲目赞同。

第九章

不同类型图书的阅读方法

哲学书阅读

根据不同的问题可以对哲学进行分类。如果问题与存在有关，则属于思辨哲学；如果问题与变化有关，则属于自然哲学；如果问题与人类知识的起因和范围有关，则属于哲学中的认识论；如果问题与个人行为中的善恶有关，则是伦理哲学；如果问题与社会发展和群体行为有关，则属于政治哲学。

伟大的哲学家们表达自己思想的方法可以归结为5种形式，不同形式的哲学著作需要采用不同的阅读方法。

· 对话形式

对话形式是表现哲学思想的古典形式，中国有记录孔子与弟子对话的《论语》，记录朱熹与弟子对话的《朱子语类》，记录王阳明与弟子对话的《传习录》。西方有柏拉图记录苏格拉底与别人对话的《对话录》。因为最初的思想家大多是述而不作的，他们的思想没有形成体系，由弟子根据笔记整理成对话录得以传世。这种对话的形式可以保留原始的思想形态，我们可以追随对话的情景了解一些哲学问题是如何提出的，如何解决的。对话形式的哲学著作对我们进行哲学思考有很好的启发意义。

·论文或散文形式

哲学发展到第二个阶段，出现了论文和散文形式的哲学著作。比如中国老子的《道德经》是以散文诗的形式写就的，此外《孟子》《庄子》《荀子》《列子》也都采用了散文的形式。西方的哲学泰斗亚里士多德的很多著作都是以论文的形式写成的，比如《物理学》《形而上学》《伦理学》《政治学》与《诗学》。对话体的哲学著作是哲人与弟子的对话，论文或散文体的哲学著作则是哲人的内心独白。哲学家直接陈述自己的观点，说明这时期的思想家已经有了一定的自觉性。阅读这类哲学著作，我们要思考哲学家产生其思想的背景和原因是什么。

·驳论形式

思想发展到一定阶段就会发生分化，针对同一个问题人们持有不同的观点。比如有人信奉有神论，有人坚持无神论，有人认为物质是世界的本质，有人认为意识是世界的本质。持有不同观点的人会互相辩论，这样就出现了驳论形式的哲学著作。中国南朝齐、梁时的范缜的《神灭论》就是以问答的形式写成的、针对僧侣权贵的诘难进行辩驳的哲学著作。西方中世纪的圣托马斯·阿奎那的《神学大全》就是先提出问题，呈现错误答案和支持错误答案的论述，然后以权威经文反驳这些论述，提出自己的观点，从对立与冲突中让真理呈现出来的。驳论形式的哲学著作体现了辩论与讨论的精神，哲学思想在互相诘难、互相冲突中不断进步。阅读这类哲学著作的时候，不但要明白作者批驳的观点为什么不对，而且要了解作者是如何论证的。

·系统化形式

西方哲学发展到 17 世纪出现了系统化趋势。数学家笛卡尔试图用数学组织的方式把哲学整理成一个体系，给哲学披上数学的外衣，但是他的努力并没有完全成功。继笛卡尔之后，斯宾诺莎在《伦理学》中用严格的数学方式来表现概念、命题和证明，事实证明，这种形式并不利于哲学思想的表达。中国哲学在这个时期出现了一个类似的趋势，宋明理学的开山之祖周敦颐的《太极图说》和《易通》，把《易经》中的太极阴阳理论与儒家思想相结合，提出了一套系统化的宇宙观、人生观和动静观的理论，为宋明理学提供了本体论方面的依据。阅读这类著作则要思考系统形成的过程，比如周敦颐的太极系统是对儒道佛三家思想的融会贯通。

·格言形式

最后一种哲学著作的形式是格言。顾名思义，它是指哲学家通过简短的格言表达自己的哲学思想。这种形式缺乏系统性，而且很多格言所表达的意思不是很明确，因此不如前面 4 种形式重要。典型的采用格言形式的哲学家是尼采，他在《查拉图斯特拉如是说》中就以简单的句子表达自己的观点。此外，一些现代法国哲学家也愿意运用这种方式。格言的形式含蓄隽永，是东方哲人喜欢的表达方式。比如明朝洪应明著的《菜根谭》和清朝王永彬著的《围炉夜话》，都可以算作格言形式的有关修身养性、为人处世的哲学著作。格言形式的著作有很大启发性，让读者从简短的句子中品味到言外之意。作者没有对自己的观点做出解释，只能靠读者领悟格言所传达的信息。对于喜欢诗词的人来说，阅读这类哲学著作是很有意思的。

自然科学书阅读

　　自然科学是近代以来学术领域发展最快的一门学科。了解一些科学常识和科学原理对我们的日常生活有很大的帮助。对于大多数人来说，我们没有必要进行科学研究，但是为了丰富自己的常识，我们需要阅读一些经典的科学和数学著作，以及一些实用的现代科普著作。专业性很强的科学论文不是为一般读者和门外汉所写的。我们不但要学会鉴别好书和坏书，还要掌握阅读好书的方法。

　　分析阅读的规则很适合阅读自然科学著作，你可以清楚地了解到作者想解决的问题是什么，以及作者是怎样论证的。作为门外汉，你并不需要成为某个领域的专家，你只需要注意科学家要解决的问题本身和问题的背景。阅读牛顿、伽利略等大科学家的经典著作，可以让我们熟悉一些科学常识和基本的科学原理。经典的科学著作都是给门外汉写的，并不难懂，只要你尝试阅读，就可以读懂。了解科学发展史可以帮我们熟悉事实、假定、原理与证据之间的相互关联，参与人类的理性活动。自然科学研究是迄今为止人类最成功的领域。

科学著作是科学家在某个领域的研究中，经过试验或观察得出结果，再根据研究结果叙述科学现象，找出现象之间的联系而写出的报告或论文。伟大的科学著作都遵循客观理性的原则，尽管最初的假设难免有个人的偏见，但是负责任的科学家不会刻意夸大或宣传自己的观点。阅读科学著作时要注意区分哪些是假设，哪些是经过论证和研究之后得出的结论。客观的科学工作者会明白地告诉读者哪些内容是假设的。科学的客观性就体现在提出假设，然后想办法证明假设的正确性。

科学著作的主旨具有一般性，很容易找出来。科学家就是要摆脱时间和空间的限制，发现事物运动的一般规则。这些一般规则通常由一些不常见的科技术语体现出来。

阅读科学著作的时候你会面临两个困难，一个是找到科学家引以为理论基础的证据，另一个是数学问题。只有很好地解决这两个问题，我们才能深入理解科学著作所传递的信息。

首先，在论证问题上，科学研究基本上采用归纳法，就是在大量试验研究的基础上得出一个一般性的规则。作为理论基础的证据可能是反复试验所得出的结论，也可能是大量观察收集到的案例。但是作为读者，你并不知道作者的实验和观察是如何进行的，如果你想了解作者的理论基础是否可靠，就要亲身体验以获得必要的经验。读者需要亲自操作书中提到的试验仪器，亲自观察实验现象或自然现象，有时还需要去博物馆观察标本或模型。按照书中的次序做完所有的实验显然不太现实，但是，一个优秀的读者至少要熟悉书中谈到的关系重大的实验，如果条件允许，最好亲自观察实验现象，比如伽利略的斜面实验和两个铁球同时落地的实验。只有亲眼看见，才能加深对科学理论的理解。

有些科学著作中的理论和原理虽然已经过时，但是书中的科学方法非常重要，对我们进行系统化、条理化的科学思考有很大的启发意义。比如拉瓦锡的《化学原理》出版于1789年，书中的理论已经过时了，但是书中的科学思考方法还是很有价值的，书中提到自然科学的分支包括3个部分：科学主题的相关事实、呈现事实的想法和表达事实的语言。拉瓦锡正是通过改进化学的语言推动了化学的发展。

第二个问题是有关数学问题，数学与自然科学息息相关，如果不能掌握数学计算公式，就不能很好地解决自然科学方面的问题。

有些人看到数学就感到头疼，这也是他们对自然科学不感兴趣的一个重要原因。事实上，数学类似于一种语言，我们可以像学习语言一样掌握数学的应用。首先，我们要认识数学符号以及符号之间的关系。语言是一种媒介，帮助我们传递信息，数学也是如此，而且数学比语言具有优越性，它是一种非常理性、非常严谨的工具，不掺杂一点情绪。数学是一门可以提高我们智力的学问，据说在柏拉图学院的大门上写着"不懂几何者不得入内"，可见数学在那个时代学术界的地位。毫不夸张地说，数学是一门优美的学问，只有当你真正走进数学的世界的时候，才能领略到数学之美。

你可以先阅读基础数学的内容，从欧几里得入手，"克服"对数学的恐惧心理，随后阅读经典的数学大师的作品，比如阿基米德、尼科马科斯等人的著作。如果你需要学习数学本身，则需要从头读到尾，并做笔记和练习。如果你阅读的是一本包含数学知识的自然科学著作，则可以根据自己的兴趣略读，但要确定没有错过书中的重点内容。比如在阅读牛顿的《自然哲学的数学原理》时要思考书中提出了什么定理，是如何证明的，全书构架了一个什么系统。

在读过一些经典科学著作之后，再阅读科普读物就没什么问题了，因为科普读物都是为一般读者写的，没有过于艰深的理论，只谈论与主题相关的实验内容（可能会包括一点数学）。但是相对于故事书来说，阅读科普书籍要困难得多，书中会有大量图表、实验报告、数学方程式等内容，需要读者全神贯注，才能充分理解。因此阅读这类书所需要的主动性比其他书籍要多。要想完全理解一本书，需要读者发现主题，掌握各部分内容的关系，找到主旨与论证过程，与作者达成共识，最后对作者的观点和理论做出评价。

阅读自然科学著作的时候，你要明白自己并不想成为某个领域的专家，而是了解了相关的问题，阅读的时候就不会有太大的压力，也不需要太多主动思考，阅读时就轻松多了。

社会科学书阅读

社会科学类的书籍内容广泛，涉及教育、文化、福利、行政、法律、经济、政治、军事、心理等多方面的内容。在大中专院校的系别划分中，社会科学一般包括人类学、经济学、社会学、政治学等专业。这些学科是组成社会科学的核心。随着社会的发展，人们对社会科学的关注越来越热切，在大学里选修社会科学的学生要比选修自然科学的学生多。毕竟我们生活在社会中，没有人可以脱离社会而获得自身的发展。

社会科学作品在我们的日常阅读中占很大比重，报纸杂志上的新闻报道，对事件的诠释、评论和分析都需要引入社会科学的观念和术语。很多以社会问题为题材写作的文学作品也需要借用社会科学的观念、思想和语言。比如一些反映社会组织权力、财富分配，战争与和平的小说、戏剧、电影、电视中就充满了社会科学的元素，传播了具有社会意义的重要信息。

一些重大的社会、政治、经济问题都是由社会科学专家在官方的支持下进行系统研究，仔细分析并寻找解决办法。科学家进行社会科学研究的时候需要对大量历史资料进行分析,为他们的推论作例证。有时为了获得第一手的资料,研究者还需要组织大型的社会调查,通过分析数据,把一些重要问题系统地阐述出来。

相对自然科学来说,大部分社会科学的著作都是比较容易阅读的,因为大部分社会科学著作论述的题材都是一般读者所熟悉的问题,社会科学著作所采用的论说方式也是一般读者所熟悉的叙述式。虽然社会科学也有自己的术语,但是由于新闻传播的印象,很多术语都是读者耳熟能详的,比如集团、文化、伦理、共识、反战、组织、地位、阶层等。这些术语不但经常出现在文章和书籍中,而且在日常交谈中也会涉及。在最近几周内,你肯定读到或听到过有关政治、经济、社会的新闻,即使你对社会问题不太关心,也会知道一些政治经济问题所指的大概内容是什么。因此,术语的大众化对我们理解社会科学著作有帮助。

一些国计民生问题与我们的生活和利益息息相关,因此一般读者在阅读社会科学著作的时候,很容易投入强烈的感情。书中所谈论的问题是读者所熟悉的,因此他们会把自己的感情和态度与问题联系起来,积极参与其中,表达出自己的意见。

尽管如此,阅读社会科学著作并不像人们想象的那样简单。使社会科学著作看起来容易阅读的因素也是导致社会科学不容易阅读的因素。社会科学讨论的题材是读者熟悉的问题,读者对这些问题有自己的看法,他们站在自己的立场上思考问题,不能站在客观的角度顾全大局。比如当读者面对社会福利这个问题的时候，就会站在群众的角度，认为福利越高越好，而不考虑社会的承受能力；城市人口面对农民工问题的时候，往往会夸大农民工对城市环境和秩序造成的破坏，忽略了他们对城市建设所做的贡献。因为对某一问题有成见，他们在阅读时甚至会拒绝倾听作者发表的观点。如果拒绝倾听，就无法了解书中的内容，也就不能站在宏观的角度了解这些社会问题。优秀的读者应该虚心了解别人的观点，客观公正地分析、评价社会问题。

读者所熟悉的社会科学中的术语和基本观点也会对理解造成障碍。因为有时候一个概念用得太多了，反而歪曲了本来的意思。比如国内生产总值（GDP）这个概念经常出现在报纸杂志中，不少使用这个概念的记者和专栏作者并不清楚这个概念的真正含义是什么。在严肃的经济著作中，这个概念的使含义有特定的限制，但是在面向大众的文章中这个概念出现的频率过高，使它承担了太多的责任。读者对这个概念比较熟悉，但是并不知道它的真实含义，只能发挥想象妄加猜测，因此很容易发生误解。

此外，当读者对作者的观点进行评价的时候，也会遇到麻烦。有些读者不愿意承认自己的看法与作者不合，因为他们认为质疑自己阅读的作品是一种对自己投入不忠的行为。还有一些读者对作者的态度恰恰相反，他们在阅读的时候投入强烈的感情，积极发表自己的见解和态度。这两种读者都没有进行辩证的思考，阅读社会科学著作和阅读自然科学著作一样需要运用分析阅读，做出大纲构架，诠释作品的主旨，检查作者的观点和自己的意见，对书中内容做出公正的评判。找到"这是真实的吗"和"这本书与我何干"这两个问题的答案。

影响我们理解社会科学著作的另一个因素，是对概念的定义和对用语规则的限定比较困难。比如我们可以精确地定义一个圆，或者明确一个公理在哪些情况下适用，但是我们很难给经济萧条、心理健康等社会科学领域的概念下定义。这必然会给读者理解文章的内容带来困难。

此外，社会科学中混杂了太多的哲学、历史、科学和虚构的内容，每一本书的混杂方式都不同，要想区分哪些是历史事实，哪些是虚构的内容并不容易，因为社会科学无法像自然科学那样保持理性和严谨。作为分析阅读的读者应该首先回答这本书是由哪些要素组成的，回答这个问题之后，才能对书中的内容保持正确的态度。

阅读社会科学著作的时候，主题阅读非常实用，因为当你关心某个主题的时候通常需要阅读好几本书。你关心的是某个特殊的问题或事件，而不是某个作者或某本书。社会科学领域内很少有权威的著作，必须参考多本相关书籍，才能得出客观的结论。

社会科学是随着社会的发展不断推陈出新的，过时的论述就会被淘汰。因此阅读社会科学著作时，为了跟得上时代发展，要找到最前沿的作品，分析你所关注的社会问题的发展趋势和解决方法。

文学书阅读

　　文学书阅读在我们的阅读计划中应该占很大的比重。一般人阅读文学书籍的比重要高于阅读非文学书籍的比重。对文学书籍的阅读可以提高我们的阅读能力和对文章内容的鉴赏能力，提高自己的文学品位。

　　我们把小说、戏剧、诗歌、散文等文学气息较浓的书籍归入文学一类。文学书籍不同于论说性的文章。论说性的书籍主要是传达知识和思想，文学书籍则只是在阐述一个经验本身，通过故事给读者启发，或者只是分享一种感受。阅读文学作品比阅读科学类、哲学类作品更困难，需要更高的阅读技巧。很多人都认为自己掌握了阅读小说的技巧，事实上，他们高估了自己的阅读水平。当被问到是什么吸引他们阅读小说时，他们却说不出所以然。即使他们在阅读过程中感到愉快，也只能说明他们是好的读者，却不是好的评论者。他们只阅读了表象，了解了作品讲述的故事，但是不能对故事进行深入分析。也就是说他们没有完成阅读的最后一步，完整的阅读应该能够对作品做出自己的评价。

　　文学书籍与论说性书籍有很大不同，文学书籍主要是阐述某种经验，带给读者一种享受，需要运用想象才能感受到作者传达的经验。论说性书籍传达的是知识和道理，需要运用判断和推理才能理解作者传达的知识。因此，阅读时需要格外注意以下几点：

1. 打开心灵，接纳作者所传达的经验，不要有抗拒心理。阅读论说性书籍的时候，我们需要对作者的观点做出评价和判断，本能地抗拒作品带给我们的影响力。阅读想象文学书籍的时候，相对来说要被动一些才能体验作者的情感和思想。我们应该进入作者想象的世界，徜徉在故事之中，才能体验另外一个内在的世界，让作者的故事贯穿我们的心灵。想象文学和论说性文章的区别还体现在前者强调精确的论说，后者则常常采用含蓄的表达，需要读者发挥想象力，才能体会作者的言外之意。一千个读者就有一千个哈姆雷特，每个人都会根据自己的知识和经验对文学作品的内容做出判断和评价。

2. 投入情感去感受主人公的喜怒哀乐，不要试图做理性的分析。论说性文章的意义在于传达知识和思想，需要读者进行理性客观地分析。想象文学相对来说比较感性，需要读者运用想象去感觉、去体会作者传达的情感，而不是科学推理。只有当你用心体会主人公的喜怒哀乐的时候，才能体会到阅读文学书籍的乐趣。诗人马克·范多伦说："在诗与戏剧的世界里，叙述是让人更模糊的一种媒介。"有时你根本无法从一首诗或一个故事中找到作者的观点和主旨，但是我们可以通过阅读诗歌和故事感受到愉悦，甚至得到精神的升华。

3. 投身于作者笔下的世界，不要用现实的标准对书中的对错做出评价。正如亚里士多德所说："诗与政治对正确的标准是不一样的。"小说的作者可以自圆其说，尤其是虚拟成分较多的科幻小说和悬疑小说。我们不能用现实中的经验要求故事中的主人公应该怎样做或不应该怎样做。阅读小说和戏剧不是科学研究，也不同于阅读历史著作，没有必要追求绝对的真实。即使文学书籍中的内容与事实不符也无可厚非，只要作者将故事整体处理得当就行了，我们阅读小说和戏剧为的是得到一个故事，在我们的内心世界进行再创造，而不是为了解历史事件。

阅读文学作品要遵从以下规则：

1. 掌握文学书籍的分类。比如小说和戏剧在写作手法上有很大的差异，小说作者常常会在作品中表达自己的观点和对事件的态度，剧作家却只是通过人物的行动和对话来叙述剧情。诗歌和散文的风格也有很大不同，诗歌一般对仗工整、合辙押韵，散文的表现手法比较自由，阅读时应该识别自己阅读的是哪种文学作品。

2. 抓住文章的主题，用一两句话概括故事大意。故事的大意只能从情节中体现出来，因此阅读小说或戏剧之后一定要能够简明扼要地介绍剧情。这一点比掌握文章的主旨更有意义，因为只有当你知道故事情节之后，才算真正读过一本小说或戏剧。文学作品中的情节类似于论说性作品中的逻辑结构，把整部作品贯穿起来，情节代表作品的大意，而整部作品才是作者要传达的经验。

3. 了解整本书的构架，弄清楚书中各个部分是如何组织起来的。作者通过段落的布局，安排情节的发展和角色的出场，呈现出条理清晰的完整故事。读者在阅读的时候应该把握故事的结构，了解故事的开端、发展、高潮、结局。阅读时要通过掌握文章的架构，了解事件的细节。在论说性作品中文章的各个部分可以独立解读，文学作品的章节不能单独阅读，只有在整体上进行把握才能获得意义。

对文学作品的体验，在某种意义上是在逃避现实，但是一些伟大的文学作品可以使我们"逃避"到一个更深沉更伟大的真实中，让我们体验到平时未曾接触到的精神世界。优秀的阅读者应该能够欣赏作者为他创造的经验和世界，凭借想象力在自己心中重新创造一遍作者想呈现给读者的世界。阅读文学书籍之后还要对书中内容做出评价，与阅读论说性作品不同，对于文学作品我们的观点不该反对或赞成，而应该表示喜欢或不喜欢，因为多数文学作品没有表达明确的观点和主旨。积极主动的阅读者应该对文章内容深入理解和欣赏。在对作品的评论除了表达喜欢和不喜欢之外，还要指出书中哪些地方写得好，哪些地方写得不好。你越能指出文学作品给你带来喜悦的原因是什么，你赏析文学作品的水平就越高。

实用型书阅读

论说性的书籍可以分为两类——实用性书籍和理论性书籍。任何包含规则、方法、准则和一般性指导的书都是实用性的书。

实用性书籍可以帮助我们解决具体问题，与行动有关。理论性书籍则是包含理论、逻辑和道理的书，其意义在于传递知识，可以增强我们对一些问题的理解。

理论性的书籍可以解决自己提出的问题，但是实用性书籍并不能直接解决读者所关心的实际问题，只能给读者提供方法指导。因为现实的问题只有靠实践才能解决。比如一本教我们如何烹饪的书，并不能够让我们做出美味的饭菜。实用书给我们提供应对同类型特殊情况的一般规则，读者只有把这些规则应用于实践才能发挥书的价值。

此外，实用性的书只能提供一般性的指导，而读者在实际操作中面临的是具体的特殊状况，作者不能到现场给你提供指导。因此，读者一定要在加入自己的理解和创造才能在实际中运用。只有行动才能解决问题，否则书读得再多也只能是纸上谈兵。

实用性书籍通常是告诉我们某件事值得做，应该如何做。书中给我们介绍一些方法和规则，这些方法和规则就是实用书的主旨。阅读实用性书籍的任务就是掌握方法和规则。有些实用性的书浅显易懂，纯粹是操作方式的指导，比如烹饪书、旅游指南等。这类书没有很强的思想性和深刻的道理，所以很少有伟大的作品。

实用性的书并非只包含简单的操作指南，有些实用性的书也有一定的理论依据。阅读时需要明白方法背后的原理，才能更好地在实际中应用，比如政治、经济、道德方面的著作。有一定理论依据的实用书主要谈论规则和方法背后的原理，看起来很像纯理论的书籍。实际上这类书和纯粹的理论书籍是有区别的，它们所讨论的是特殊情况下的理论。读者的任务是由原理衍生出规则，再用这些规则指导实际行动。

如果一本书谈论的是规则和方法，那么你可以立刻判断那是一本实用性的书。如果一本书谈的是实用原理，虽然乍看之下会以为是理论性的书，但是它所讨论的理论只能应用在特殊情况，与哲学、自然科学和社会科学类的书所讨论的理论还是有区别的。因为实用性的书在本质上讨论的是人类行为领域中的问题，关心某件事怎样才能做得更好。

实用性的书籍有一些标志性的语言，作者在表述规则和方法时常常实用命令句，比如"你应该……""必须……才能……"。这样的语气比较强烈，建议读者按照某种方法做一件事，并告诉读者按照这种方法一定会有所收获。强烈的语气让读者感觉到这本书值得一读。有时作者还会用一些理论性的论述，证明书中的规则和方法是正确可行的。

如果你认为一本书不值得一读，那么就算这本书中的方法和规则真的有效，对你来说也不能体现其价值。在评价一本实用性的书时，应该以结果和目标为标准。就算书中的方法和规则很有效，但是所达到的目标不是我们关心的或期望的结果，对我们来说也没有意义。

正确阅读一本实用性书籍，应该体现出实用的价值。阅读实用性书籍时要问自己两个问题：作者的目的是什么？作者建议用什么方法实现这个目的？每个作者写作都有自己的目的，比如一本烹饪书的作者写作的目的是教给读者做出可口的饭菜。书中的方法和规则就是实现这个目的的途径。当你能够回答这两个问题时，也就掌握了书中的主旨。评价一本实用书的价值看它的效果就行了，如果按照书中的方法可以达到你的期望，说明这是一本不错的书。只有能够指导我们实现目标的书，才是真正实用，真正有价值的。

和阅读其他书籍一样，阅读实用性书籍也要考虑4个问题，但是要有一些变化。第一个问题：书的主题是什么？读实用性书籍应该弄清楚作者写作的目的是什么。明白了作者想解决的问题是什么，也就知道了这本书的实用价值体现在哪里。第二个问题：作者的主要观点是什么？在阅读实用性书籍的时候要发现并掌握作者建议你使用的方法和规则。第三个问题：作者的观点正确吗？作者提供的方法对你来说实用吗？这个问题的关键在于你能不能接受作者的方法和规则，这要根据你的目标、经验和个人需要而定。第四个问题：这本书能给你带来什么利益？如果你对上一个问题的回答是肯定的，那么面对这个问题时你就需要付出实际行动才能得到答案。如果你同意作者的方法和规则，但是不按照作者的方法行事，那就跟不同意一样。

实用书的作者扮演说服者的角色，他们写作的目的是让读者接受他建议的方法。说服的方法通常是刺激你的情绪，打动你的心智，比如用命令式的语句左右你的意志。如果你真正读懂了一本实用性的书，不但要明白书中所传达的知识、方法和原则，还要觉察出作者的说服过程，了解自己是被说服的对象。

阅读实用性书籍需要格外注意的一点：在正式阅读之前一定要鉴别这本书是不是自己实际工作和生活中需要的。比如一位男士读了一本关于如何烹饪的书，他对书中的美食很感兴趣，而且认同作者的观点，但是他从来不做饭。这本书对他来说没有实际的指导意义，除非他把这本书推荐给喜欢做饭的人为他做饭。总之，阅读实用性的书之后，一定要使书中的内容在实际中发挥作用，才算完成任务。

第十章

研究型主题阅读的方法技巧

需要撰写论文与专著时

大专院校学生在各门专业课程考试合格之后，还要进行毕业论文的撰写及答辩考核。这是大学生取得毕业文凭的重要环节，也是衡量毕业生是否达到全日制普通高校学力水平的重要依据。但是由于平时缺乏训练，很多学生在写论文的时候一筹莫展。掌握撰写论文的方法，对他们来说具有重要的意义。此外，对科技人员和各个领域的学者专家来说，发表论文和专著的情况是衡量业务水平和学术水平的一个重要指标。

如果你想写一篇关于某个主题的论文或专著，必然要阅读很多相关领域的参考资料。这就需要进行阅读的第四个层次——主题阅读。主题阅读是最复杂、最系统化的阅读。主题阅读者，更确切地说是研究者，他的任务不是简单的阅读，而是通过分析关于某个主题的很多书，构架出一个在任何一本书中都没有提到的主题分析架构。

进行主题阅读，首先要确定一个主题作为研究对象。对于论文和专著的作者来说就是要确定自己研究的课题。就文体而言，论文和专著是对某一专业领域的现实问题或理论问题进行科学研究探索具有一定意义的论说文。选择课题是毕业论文撰写的第一步。选定题目之后，就明确了研究的方向。

科学研究的目的是为了更好地认识世界、改造世界，以推动社会的不断进步和发展。因此，研究者应该在自己熟悉的专业领域选择有科学价值和现实意义的课题。从 3 个角度出发可以帮你选择一个有价值有意义的课题，一是能够解决现实问题的题目，二是研究领域的空白处，三是当前人们关注的热点问题。

此外，你选择的课题要切实可行。首先，要有充足的资料来源。只有站在巨人的肩膀上，我们才能看得更远，因此，要选择一个具有丰富资料来源的课题。其次，你对课题要有浓厚的研究兴趣和研究热情，调动自己的主动性和积极性，能够以认真、积极的心态去完成。你还应该结合自己的工作，发挥自己的专业特长，因为在自己熟悉的领域更容易有所建树。

课题的名称应该以最恰当和最简明的词语反映论文中最关键、最重要的内容。论文或专著题目是向读者展示文章内容和水平的第一个重要信息，也是有助于选定关键词和编制目录、索引等二次文献可以提供检索的相关信息。因此，论文题目十分重要，必须认真选定。如果给论文或专著选一个好题目，文章就成功了一半。对论文题目的要求是：准确规范、简短精练、外延和内涵恰如其分且醒目。

选好课题后，接下来的工作就是对课题进行深入研究。研究课题的一般程序是：搜集资料、研究资料，明确论点和选定材料，最后是执笔撰写、修改定稿。搜集资料和研究资料的过程我们要在下一节中详细介绍。研究课题的关键工作是最后的执笔撰写。研究者在撰写论文或专著的时候要注意两方面的问题：拟定提纲和基本格式。

拟定提纲包括题目、基本论点、分论点。提纲可以分为大项目、中项目和小项目。大项目即基本论点，中项目即主要分论点，小项目即各段落的大意。在专著中，大项目即文章的主旨，中项目指各章的概要，小项目指小节的大意。拟定好提纲之后，就可以按照一定的逻辑结构安排文章的基本框架。

一般论文的基本格式由标题、摘要、正文和参考文献四方面内容构成。标题即课题的名称，要求直接、具体、醒目、简明扼要。摘要即把文章的重点内容总结出来，放在正文的前面，方便读者了解文章的内容。在专著中，作者要通过前言和序言代替摘要的地位，介绍书中的内容。摘要和前言都应该简洁概要地介绍文章的内容。

正文是论文和专著的核心内容，包括绪论、本论和结论三大部分，也就是提出问题、分析问题和解决问题 3 个步骤。绪论部分主要说明研究这一课题的目的和意义，要写得简洁明确，开门见山地提出将要论述的课题。本论部分是文章的主体，即表达作者的研究成果，主要阐述自己的观点及其论据。这部分要以充分有力的材料阐述观点，要准确把握文章的结构层次和段落之间的关系。结论部分是文章解决问题的部分，也就是论证的结果。在展示课题研究结果的同时，最好还要描述对课题研究的展望，提及有待进一步探讨的问题或可能解决的途径等。参考文献就是把撰写文章过程中所参考的主要书籍、文章、数据等资料，整理罗列在文章后面。

修改定稿是研究课题的最后一步，也是研究课题的保障工作。这一步是完稿之后对文章内容和结构进行检查。看看是否把自己的观点表达清楚了，是否实现了自己的写作意图，基本论点、主要论据和论证过程是否准确；论据是否恰当、是否有说服力；文章结构的安排是否符合逻辑，段落之间的过渡是否自然；词语和句子的使用是否合乎规范。通过这些方面的检查，可以使文章更容易被读者接受，更加臻于完美。

撰写论文和专著是复杂的脑力劳动，要想创作出优秀的作品并不是一件容易的事，对缺乏写作经验的人来说更是如此，所以，研究者应该虚心向老师和研究领域的专业人士求教，广泛地搜集参考资料，充分了解这个课题的相关书籍和文献之后，再从中提出自己的观点和见解。因此，列出参考书目的过程在论文和专著写作过程中显得格外重要。

列出参考书目

大量搜集与主题相关的资料是主题阅读的基础工作。研究者可以借助图书馆、资料库、网络的资源，广泛地搜集资料，列出与主题相关资料的文献目录，方便以后进行具体的查阅。研究者查阅资料时要掌握年鉴、百科全书、文摘、表册等工具书，要熟悉图书分类法，要善于利用书目、索引等。此外，网络上有很多提供论文资源的网站，从中你可以找到自己需要的文献、数据等资料。搜集资料的时候要按照全面、细致、准确、真实的原则，尽可能多地掌握最真实可靠、最丰富的第一手资料。

搜集到参考资料之后，就要用主题阅读方法对这些资料进行细致的研究了。研究者要对搜集到手的资料进行全面的检视阅读，并对不同资料采用不同的阅读方法。与主题紧密相关的文章要进行研读，即全面、细致、深入地阅读；与主题稍有关联的文章要进行通读，掌握文章的大意；只有部分内容与主题相关的文章要进行选读，把与主题相关的章节摘出来进行重点阅读。阅读过程中，遇到重要的观点和概念要做笔记，把重要内容在书中标示出来，或者记录在笔记本上。

主题阅读的核心内容就是明确主旨，选定证明主旨的材料。在研究资料的基础上，研究者应该提出自己的观点和见解，根据选题，确立基本论点和分论点。提出自己的观点要突出新创见，创新是灵魂，不能只是重复前人或人云亦云。同时，研究者还要防止贪大求全的倾向，生怕不完整，大段地复述已有的知识，那就体现不出自己的研究特色和成果了。

根据已确立的基本论点和分论点选定材料，这些材料是自己在对所搜集的资料加以研究的基础上形成的。组织材料要注意掌握科学的思维方法，注意前后材料的逻辑关系和主次关系。

与一个主题相关的书籍成千上万,哪些才是你需要的呢?进行主题阅读时,筛选参考书目是一项重要的任务。围绕一个主题,你可能会找到上百本相关的书籍和文章。如果你用分析阅读的方法阅读这些书籍和文章,那么可能需要读上几十年才能读完。但是,这些书的内容并不都是你所需要的,可能只有不到1/10的内容与你的研究主题直接相关。

你需要一种有效的方法快速处理大量的信息,这就是阅读的第二个层次——检视阅读。我们前面提到过检视阅读在主题阅读中占有重要的地位。通过检视阅读,研究者就可以判断一本书的内容对他的研究主题是否重要,这样可以把几十本的参考书目简化到一个合理的程度。这个方法对研究者来说至关重要。否则他们会在对研究没有什么参考价值的书上浪费太多时间和精力。

检视阅读是正式进入主题阅读的准备阶段。根据主题广泛收集相关书目之后,用检视阅读的方法浏览书中的主要内容。在了解文章的大概内容之后,你才可以对主要篇章进行分析阅读,深入理解作者的主旨和细节的内容。如果在检视阅读之前就对文章内容进行分析,很可能花费很多时间之后,你才发现所阅读的内容与主题并没有太大的关系,对自己的研究没有什么帮助,白白把时间和精力浪费在没有价值的东西上。

检视阅读的目的不是立刻了解所有错综复杂的内容和作者传达的深刻思想,而是总揽全局,从大体上掌握文章的概要,从而判断手中的书籍对自己的研究是否有参考价值。有些书籍虽然看起来与课题有关系，但是由于时代久远或者因为作者的写作水平有限，没有什么参考价值。有些书籍的内容虽然很有道理，但是与你的研究没有太大关系。如果在这些书上浪费时间，就会延缓研究的进度。检视阅读的主要作用就是帮我们把这些对研究没有帮助的书籍排除出去，精简参考书目，保证参考书目的质量。

列出参考书目之后，你就对研究主题有了更加清晰的概念。因为你已经对这些书籍浏览过一遍，对书中的内容有所了解，也就加深了你对研究主题的认识。

如果按照这种方式搜集参考书目，一定会起到事半功倍的效果。有些人虽然能够进行主动阅读，能够很快进入阅读状态，积极地参与到分析阅读中，但是他们忽略了检视阅读价值，不懂得先对文章和书籍进行筛选，然后再做分析阅读，结果一大半的时间和精力都在做无用功。他们在所有书上花费了同样的时间和精力，结果应该重点阅读的书籍没有得到重视，应该忽略的内容却占用了不少时间。

所谓"磨刀不误砍柴工"，检视阅读虽然是正式阅读的准备阶段，但是这个阶段是不可或缺的。如果跳过这个阶段，反而会得不偿失。何况熟练掌握检视阅读之后，根本不会花费太多的时间。你可以在很短的时间内判断出一本书的内容是不是你需要的。经过粗浅的了解之后，你就能对参考书籍进行分类：哪些书对主题研究很重要，哪些书中有部分内容是你需要的，哪些书根本不值得阅读，哪些书的观点是互相矛盾的等等。

列出参考书目之后，就可以正式进行主题阅读了。请注意，虽然主题阅读中包含分析阅读的技巧，但是主题阅读绝不是分析阅读。二者的显著区别在于分析阅读是阅读一本书的方法，而主题阅读是阅读多本书的方法。

主题阅读的步骤

正式进行主题的阅读之前，首先要明确你想研究的主题，然后你需要对大量相关书籍进行检视阅读，了解这些书中谈论的主要概念和主要观点。只有当你对大量相关书籍进行检阅之后，才能对你要研究的主题有整体的了解。

接下来就要通过5个步骤完成主题阅读。

· 第一步：找到相关章节

很多人进行主题研究的时候，总是把自己阅读的书放在第一位，而忽视了自己关心的主题。他们列出参考书目之后，就试图把每本参考书都研究得很透彻，把阅读参考书放在第一位，把研究的主题放在了次要的位置。

正确的做法是在确定参考书目之后，快速对这些书籍进行检视阅读，了解每本书的主题和各位作者的主要观点。从书中找出与你要研究的主题相关的章节，并做上标记。因为你找到的那些参考书目并不是所有的内容都符合你的主题、可能只有一小部分内容是你需要的信息。如果你把每本书都从头到尾阅读一遍，就会把时间浪费在没用的信息上。因此在仔细阅读之前，一定要进行信息的筛选，找出你需要的信息。

需要注意的是，主题阅读的目标是为了解决特定的问题而进行阅读，不是单纯地为了获得信息而阅读。

你可能会有疑问，在确定参考书目的时候已经进行了一次检视阅读，在确定相关章节的时候又要进行一次检视阅读，能不能把这两个步骤合二为一呢？我们的建议是当你的阅读技巧还不是很熟练的时候，或者你对要研究的主题不是很了解的情况下，最好分为两个步骤进行。否则你需要分散精力于这两件事，就不能很好地完成这两个任务。另外，因为你一开始对主题并不是很了解，如果在搜集相关书籍的同时搜集相关章节，就有可能犯一些错误，还要在以后的阅读中花时间纠正，反而得不偿失。

· 第二步：让参考书的不同作者与你达成共识

在分析阅读中，你需要找到文章的关键词、关键句子、文章的语义和主旨，目的是与作者达成共识，领会作者要传达的思想。但是，当你进行主题阅读时，需要面对多个不同的作者，你不可能要求他们使用相同的语义。这时就需要你来建立一个共识，由你引导各位作者与你达成共识，而不是跟着作者的思路走。每个作者都有自己的一套理论，如果你跟随作者的语义，就会感到混乱不堪。

平时我们阅读一本书的时候，需要尽量理解作者的语言，尤其是阅读一本名著的时候，更倾向于接受作者的观点和主旨。但是，在进行主题阅读的时候，如果试图跟随作者的语义，就会迷失自己。可能因为先入为主，在接受一个作者的观点之后，你就无法接受别人的观点。因此进行主题阅读的时候，要建立一组自己的语义，尽量不要和参考书目上的任何一种说法相同，否则就是受到了它的影响。然后把自己的语义加诸作者身上，在此基础上了解各位作者的观点。把不同的观点融会贯通起来，帮我们深入地理解主题，解决我们关心的问题。

·第三步：建立自己的主旨

在分析阅读阶段，需要掌握关键词、关键句子和作者的主旨。在进行主题阅读的时候，同样需要把握主旨，不过这个主旨是由我们自己建立的。最好的建立主旨的方法就是针对我们关心的主题提出问题，从参考书目中找到答案，把答案整理起来就是我们的主旨。

遗憾的是，并不是每个作者都对你提出的问题感兴趣，有些问题在书中找不到答案，有些问题可以找到间接的答案，或者我们可以根据书中的内容推测出作者对该问题的答案。

我们还需要对不同作者的答案进行比较鉴别，如果直接从别人那里拿来一个主旨，就不能帮我们解决根本问题。此外，提出的问题要有一定的逻辑顺序，方便我们对主题进行分析。比如先提出我们关心的是什么现象或事件，再问这种现象是如何表现的，事件是如何发生的，最后问这种现象或事件给我们造成什么影响。

· 第四步：界定议题

因为各位作者对问题的回答必然不会完全一致，意见不同的两个作者之间就可以定义一个议题。如果答案中只有两种意见，那么这种问题比较容易分析，只需要对比两种意见的优劣就行了。有时问题的答案会有两种以上，这时就需要先对作者的观点进行分类，然后再权衡对错。

把议题整理出来，你会发现很多议题都与一些关键的问题相关。这些议题就是分析主题，建立主旨的关键问题。要想弄清楚这些议题并不容易，你需要整理争议的焦点和不同意见之间的关系。

· 第五步：分析讨论

在分析阅读层次中，读者应该对作者的观点做出判断，对书中的主旨和内容的价值做出评价。在主题阅读中当然更应该对不同作者的观点进行分析讨论，从不同的观点中找到精华。因此在整理好议题之后还要回答这两个问题：作者的观点正确吗？这种观点对我来说有什么意义？作为优秀的阅读者，我们不但要知其然，还要知其所以然。不但要把与主题相关的问题按照一定顺序整理出来，而且要说明这些问题的不同答案，并分析哪些作者的观点正确，哪些作者的观点错误以及理由和根据是什么。

只有当我们完成这个步骤,才算真正了解了这个主题。分析完毕之后,我们还可以把分析结果与别人的研究成果进行对比,取长补短,使你对问题的研究更完满。

照顾全面与客观

进行主题阅读的时候,阅读者好比一个法官,而不是律师。律师和法官收集信息有不同的出发点。律师们想尽办法证明自己的观点是正确的,他们只接受对自己有利的信息,排除对自己不利的信息;法官则采取中立的立场,收集投诉方和辩护方提供的所有信息,然后做出公正的裁决。主题阅读者要想得出准确可信的结论,就要保证全面、客观地分析不同作者的观点。

首先,主题阅读者应该全面收集信息,不能偏听偏信,正面和反面的信息都要搜集。看到一份资料之后,不要立即做出评价,否则很可能会先入为主,本能地排斥后面看到的相反意见。主题阅读应该面面俱到,参考不同作者的观点,多角度思考一个问题,这样才能得出圆满的答案。

分析议题的时候,要搜集正面和反面的意见。通常情况下,当意见发生冲突的时候,支持正面意见的人和支持反面意见的人都有多个,孤立的支持者或反对者不能形成影响力。

当有人提出自己的理论之后，持不同观点的人就会提出相反的意见。无论你支持还是反对，人们所争论的观点可能都有一定道理，也可能双方的观点都是错的。还有一种可能，在冲突的观点中有一种观点是正确的，其余的是错误的。

人们总是假设多数人同意的意见代表真理，因此阅读者很容易屈从于大多数人的意见，这是很危险的。俗话说，"人言可畏"，"众口铄金，积毁销骨"，随声附和的人多了，白的也可以被说成黑的。"真理掌握在少数人的手中"这句话也有一定的道理。

因此在搜集参考书目的时候，一定要尽量多地找到相关资料，对大量书籍进行检视阅读，从中找到有价值的参考书目。不要因为支持的人多或反对的人多，就盲目从众，而是要做出自己的判断。各位作者针对一个议题，不管是支持还是反对，你都需要找出相关的理由和证据。这需要阅读者具有搜集整理资料和调节不同观点的能力。

其次，冷静、客观是优秀的阅读者应有的品质，主题阅读时应该保持客观的态度，不要因为个人的喜好而对书中的观点有所取舍。当然，完全客观的态度是一种理想的状态，阅读时读者会本能地根据自己的知识和经验站在自己的立场上，对作者的观点进行评价。因此，阅读时要提醒自己不设立场，保持中立。

保持客观、中立的态度要比面面俱到容易多了，尽管如此，阅读者还是应该时刻提醒自己才能避免在阅读过程中加入太多的主观看法和情绪化的东西。在遇到互相矛盾的观点时要提醒自己暂缓评价，因为你有可能做出错误的评价，以致在你的大脑中形成偏见。

如果阅读者针对问题提出自己的主观看法，那么主题阅读就失去了原来的意义。如果阅读者的观点只是参与讨论的另外一种意见，阅读者也就失去了法官的地位，成了为某一方辩护的律师。

西方人和日本人开会方式的区别可以让我们了解到分析问题时不带有主观色彩更有利于得出一个有意义的结论。在讨论问题的时候，西方人的习惯是先给出一个结论，然后用事实支持这个结论。在开会的时候，与会人员都会带着自己的观点到场，在会议上大家争论不休，互相批判，谁的观点经得起批判，谁就赢了。相比之下，日本人的开会方式就显得非常奇怪。日本式的会议没有争论，因为大家没有既成意见，而是轮流中立地提出自己所知道的信息，然后由众多信息自行组织形成一个意见。这种开会方式更能得到一个圆满的解决问题的办法。

阅读者在最后进行总结的时候，也要特别注意那些会引起主观判断的因素。比如问题或答案的语气色彩，某个观点被过分强调或者被忽略，或者关于某个议题的不同观点的排列顺序都会影响你对那个观点的态度。

优秀的阅读者应该想办法避免被主观态度影响的对不同作者观点的判断。一个比较笨但是很有效的方法就是阅读者需要不断阅读作者的原文，准确把握他们的观点，并用自己建立的中立的语义系统复述作者的意思。阅读者在总结自己关于本主题的研究成果时，必须引用参考书目中作者的原文，以免对文义进行曲解。但是，在对原作者的观点进行分析的时候，则要使用自己的语言。这样不但可以检查你对原文的理解，而且可以使你继续保持中立的立场。阅读者放下一切偏见，下结论之前反省自己是否有过分或不及的倾向，这很重要，因为只有你清楚自己是否保持了客观公正的态度。

全面的态度可以保证我们辩证地对待主题，吸收多方的观点，权衡不同的意见，通过比较分析，归纳综合，避免片面地看待问题。客观的态度可以保证我们在阅读的时候跳出争论的圈子，以审判者的身份毫无偏见地对不同的观点进行分析，得出一个不偏不倚的结论。

进行主题阅读时，只有坚持全面和客观的态度，才能保证自己得出的结论不偏离客观公正的立场。

运用工具书

进行主题阅读时，存在一个矛盾问题。主题阅读的第一步就是罗列出参考书目，在搜寻参考书目的时候，你需要知道自己想要找到哪方面的信息。但是，如果你不能做主题阅读，就不知道自己应该寻找哪方面的书籍。搜寻与主题相关的书籍和书中的章节是进行主题阅读的根本问题。如果不确定自己需要参考哪些书籍来研究这个主题,就会在这个步骤上浪费太多的时间。

除非你对与主题相关的书籍有相当多的了解,对该研究领域的著作非常熟悉。在这种情况下,你就没有必要进行主题阅读,不用把你熟悉的东西再研究一遍了。即使你真的需要把与主题相关的内容系统地阅读一遍,对该主题你也已经有了成见,既有的观点和态度会变成研究的障碍。同样的道理,在你对该主题一无所知的情况下,不要去请教熟悉那个主题的人,因为他只会告诉你他对那个问题的观点和见解,以及他所认为的重要书籍和重要章节,这些会对你全面客观的研究和判断造成影响。帮你保持全面客观的态度,又能够搜集到相关书籍和章节的方法就是使用主题工具书。

一本与主题相关的工具书能够给你提供足够广泛的资料,而且不会对书中的观点持有任何偏见。比如百科全书或者专业词典,对于每个你需要查阅的主题都可以通过目录找到相关参考资料。有些比较普遍的主题,我们可以在百科全书中找到长达几页的介绍;而不太常见的主题,我们也许能找到几个关键词。

如果你对自己要研究的主题知之甚少,那么在搜索过程中就要保持耐心。因为工具书不是茫然无知者的指南,你查询的一个关键词可能会引出更多需要你继续查询的关键词——你会遇到一些不了解的作者或著作,需要继续搜寻这些作者和著作的相关信息。

百科全书和专业词典也存在一些缺陷。这类工具书通常是很大的一套,内容虽然包罗万象,但是只能提供一些粗略的指引,更详尽的内容还需要找到相关书籍，从中确定与主题相关的参考书目，然后从参考书目中获取更详细的信息。

工具书虽然只能提供基本的介绍，不能代替你思考，但是它足以让我们知道研究这个主题应该从何处下手。尤其对那些刚开始研究某个主题的人来说，工具书可以帮他们省去很多摸索的时间，很快找到需要关注的重点。工具书能从三方面帮助我们进行主题研究：启动阅读、建议阅读和指导阅读。

所谓启动阅读，就是让我们产生阅读动力和兴趣，能够进入阅读状态。当我们遇到一些艰涩难懂的书籍，或者一些专业性很强的书籍时，往往会知难而退，失去阅读的兴趣和动力。遇到问题的时候，你就会想到使用工具书。在工具书的帮助下，就容易多了。你可以先找到自己感兴趣的主题，然后在工具书的帮助下解决其中的问题。使用工具书之前，你必须明确自己想要知道什么，有了明确的问题，也就有了阅读目标和方向。

阅读时一手拿着你要阅读的书，一手拿着工具书，一开始阅读就查阅很多生词，并不利于我们从整体上把握文章的内容。第一次阅读一本书的时候，不要急着查字典或百科全书，除非你要查的东西与作者的主旨有重大关联。

如果你感到困难，没有必要强迫读完整本书，那会给自己施加压力。你只要阅读自己感兴趣的内容就行了，关键是"读进去"，进入阅读的状态。进入阅读状态之后，很快你就会为弄清更多的内容，而对其他内容感兴趣。你会不由自主地研究作者的各种观点、与作者相反的观点以及他们各自证明自己观点的理由和根据。

所谓建议阅读,就是指通过工具书的索引,我们可以了解到与主题相关的书籍和作者都有哪些。找到相关书籍之后,根据页码可以很快找到需要参考的内容。这些内容就是工具书建议我们查阅的,从中我们可以快速找到与主题相关的信息。

工具书只是给我们指引一个寻找相关内容的方向,并未说明这些书籍讲的是什么。我们的任务就是从工具书中推荐的书籍和章节中,找到与主题真正相关的地方。这样可以使我们对这个主题进行全面地掌握和深入的理解。

针对同一个主题,搜集到书籍中的章节和作者介绍可以使我们对这个主题有一个系统的了解。通过主题阅读几个步骤,读者要整理不同的观点,并对这些观点进行对比分析。有时我们会遇到互相抵触的观点,对这些观点进行相互对照,才能更深入地理解主题,更清楚地明白其中的意义。有时,一个作者的某个观点会对另一个作者的观点做补充说明,使我们更好地理解后者的观点。有时,不同章节的内容分别阐述了一部分真理,把这些内容结合起来,才能获得一个完整、准确的认识。

所谓指导阅读,是指工具书会指导我们发现同一个章节的内容会在不同主题下被引用。也就是说,一段话可以包含多重含义。主题阅读者应该训练自己在分析作者观点的时候不局限在一点上,应该发散思维,从多个角度寻找文章的意义。有时你需要几种百科全书来获得对同一主题的多种解释。

进行主题阅读时从工具书开始着手，可以为自己节省很多时间和精力，快速进入阅读状态。工具书是对主题阅读的有力补充。运用工具书，结合前面介绍的主题阅读步骤和原则，可以发挥更好的作用。

克服主题阅读的困难

通过前面的了解，你可能已经体会到主题阅读并不容易掌握。拿第二个步骤来说，要建立一套自己的语义，让不同的作者与你达成共识，这几乎是不可能完成的。在表达自己观点时，作者本身使用的文字是神圣的。读者如果用自己的语言对作者的意思进行解读，会遇到一些困难。

1. 文字的表意丰富，并不像数字那样具有明确的含义，用一套文字来解释另一套文字往往会有出入。

2. 主题阅读把不同时代、不同风格的作者聚在一起，对他们的观点进行分析讨论，这本身就忽略了各位作者所处的时代背景，以及他们在特殊背景下对一些概念的理解。一个作者在不同时期发表的看法之间可能存在内在的联系，但是不同作者在不同时空下得出的观点却没有必然的联系。

3.如果你过分关注作者的观点,就会忽略作者是如何提出自己的观点,以及如何证明自己的观点的。

虽然进行主题阅读不容易,但是并不是不可能的。只要按照一定的原则进行主题阅读,就可以克服这些困难,达到很好的阅读效果。

首先,语言的表意虽然复杂,但是我们可以尽量在解释作者意思的过程中保持原意。如果说语言之间不能互相转换,那就好比说汉语不能翻译成英语一样荒谬。比如把英文原著《飘》翻译成中文虽然是一件不容易的事,但是并不是无法完成。语言之间毕竟有一定的对应关系,何况我们在做主题阅读的时候进行的不是不同语种之间的翻译,而是把作者的意思换一种方式来表达。只有这样才能证明你理解了作者的意思,也只有这样你才不至于成为作者文字的奴隶。

语言的交流无非是编码和解码的过程,这都是技术性的东西。只要掌握一种语言的使用方法,我们就可以用它进行沟通,或者把它翻译成我们熟悉的语言。在翻译过程中要遵守"信、达、雅"的原则。"信"就是要准确真实地反映原作者的意思,"达"就是要语言通达流畅,"雅"就是要求翻译时注意文辞的优美。只有掌握这3个经典的翻译原则,在充分理解作者主旨的前提下,才可以用另外一种表达方式把作者的意思表达出来,而不对作者的观点造成损害。

其次,不同时代、不同空间的作者在表达自己观点的时候当然要受到时代的局限，从而带有自己的风格和特色。这就需要整理并调和不同观点的技巧。

如果孔子、孟子来到当代和我们对话，他们固然会对高科技的东西感到惊奇，但是只要我们掌握一些古代汉语，并不妨碍我们和古圣先贤围绕一个主题进行对话。我们可以针对孔孟的观点阐述自己的理解，提出自己的看法。

当然，由于时代和地域不同，作者之间的观点或对一些概念的理解会有很大的差别。在阅读时，我们要找到这些差别，考虑这些差别是如何造成的。只要能够发现差别，就应该能够对差别做出解释。因此，阅读者与不同时空的作者进行对话，以及不同时空之间的作者进行对话都是有可能的。当然，这需要你对两本书的内容理解透彻，并看出二者的差别所在。需要注意的是，在充分理解作者的观点之前，不要把自己的观点强加于作者身上。

最后，作者表达自己观点的方式和证明自己观点的过程确实值得关注，但是相对来说，还是作者的主旨更加重要。如果过分强调作者的写作风格反而是舍本逐末。写作风格和写作方式都是形式的东西，作者的观点和主旨才是最应该关注的内容。二者之间的关系类似于人们说话的表情和所说的内容之间的关系，比如有人脸上是和善的微笑，嘴里却在说脏话骂人，人们还是会对他表示反感。所以在阅读时也是一样，重点是了解作者说的什么，而不是如何说。

当然，了解作者证明自己的过程也是比较重要的。只有弄清楚作者证明自己观点的论据以及论证的过程，才能判断作者的观点是否站得住脚。无论是反对或支持作者的观点，都需要在掌握作者论证过程的基础上做出判断。如果反对，要有自己的理由，指出作者的错误之处。如果支持也要有自己的道理，明白作者为什么要持那样的观点。

总之，虽然进行主题阅读会遇到种种困难，但是只要用心阅读，并掌握一些原则和诀窍，就可以把这些困难克服掉。毋庸置疑，翻译是可行的，读者与作者之间可以而且应该围绕共同关心的主题进行对话。这也是完成主题阅读的关键。

小练习

这一章讲的是最高层次的阅读——主题阅读。下面按照主题阅读的步骤和原则做一个主题的阅读，检验一个自己掌握的情况。

◎ 一、准备阶段

1. 确定你要研究的主题。
2. 参考图书馆资料，列出一份宽泛的参考书目。
3. 对这些书进行检视阅读，从中找到与主题相关的书籍，确定参考书目。

◎ 二、正式阅读

1. 检视阅读参考书目，从中找到与主题相关的章节并做上记号。

2.围绕主题建立一套自己的中立语义,引导各位作者与你达成共识。

3.确定自己的主旨,围绕主题列出一系列问题,并从作者的观点中找到答案。

4.界定议题,找到作者之间的争议。

5.分析讨论,针对议题的不同观点做出判断。

第十一章

日常工作中的高效阅读技巧

只阅读必要的文件

你是不是经常面对大量阅读材料感到不知所措？尤其是在工作中，阅读各种文件的目的是获取资讯，没有必要把时间浪费在对你来说没有太大用处的文件上。如果你感到阅读压力很大，不能及时完成阅读任务，不能从众多文件中获得相应的资讯，主要有两方面原因：一是你对阅读材料不加筛选，试图阅读所有的内容；二是你总是拖延时间。

如果阅读量超出了你的承受范围，那么你就应该问问自己："我有必要读完所有信息吗？""是不是可以从中筛选出一些重要的文件，减轻自己的负担？"有时，一大堆文件中只有一两段话是对你有用的，如果阅读完所有的信息，你就会把 80% 的时间和精力浪费在没用的信息上。因此，不要试图阅读所有的内容。

如果仅仅认为看不完就不能向上级交代，那你就是舍本逐末了。阅读完所有的材料只是形式的问题，从材料中获取有价值的信息，才是你真正的任务。如果花费很多时间阅读了一大堆没用的材料，没有得到一点有用的信息，就更加没办法向上级交代。因此，有没有阅读完所有的资料不是检验工作效率的标准，能否从阅读材料中获取有用的资讯才是检验工作效率的标准。

在工作过程中，你可能会临时接到一些任务。比如，有人会递给你一份文件，告诉你："这是急件，必须马上阅读。"很多时候，你会立即处理刚刚到手的事务，不管手头上的事多么重要。对别人来说是急件，但是对你来说未必是急件。如果为了一件不太重要的事，耽误了手头的工作，就得不偿失了。因此，当你面临多项任务的时候，不要草率地投入到工作中，应该先把需要处理的文件排出一个顺序，优先阅读最重要的文件。

什么样的文件是必要的？首先，筛选出与当前的工作有关的阅读材料，其余的资料可以放到一边，当你空闲下来再做处理；其次，筛选出时间比较紧迫的阅读材料优先处理，可能有些材料明天或者后天就要用到，有些材料虽然与工作有关，但是没有明确的时间期限，就可以排在后面。

我们的时间是有限的，如果阅读量超出了你能控制的范围，那么你就不得不挤掉阅读另外一些文件的时间。由于需要阅读的内容太多，你还要面临最后期限的压力。最后，自己忙得焦头烂额，但是并没有得到多少有价值的信息。这绝不是我们想要的结果。

要想高效地处理大量文件，你需要合理地安排时间。如果你在周末和假期仍然要处理大量的文件，一方面说明你很敬业，但是另一方面也说明你的工作效率很低。要想在工作时间之内完成所有的工作，就要提高工作效率，优先处理重要的文件，抓住问题的关键，及时获取重要资讯。如果工作任务确实超出你自己的承受范围，那么你就应该考虑把一部分工作分派给别人。这样才能更好地保证工作效率。

有些人做事拖拖拉拉，总是一味地向后拖延时间，今天的推到明天，明天的推到后天，结果要处理的文件堆积成山。当要处理的事情看起来很多的时候，你就会更加不愿意处理，工作就无法进行下去了。与其等到出现这样的结果，还不如当初就把该做的事情做完。如果需要处理的文件看起来很多，你就要想办法压缩阅读量，从中挑出必要的文件进行阅读，把无关紧要的文件先放在一边，等有时间再做处理。

如果阅读材料对你来说很难，你可能会有逃避的心理，不愿意面对和处理。但是，如果你向后拖延的话，就会显得越来越困难。解决的办法是发扬蚂蚁啃骨头的精神，勇往直前，迎难而上。当你投入到阅读中的时候，你会发现事实并不像想象得那么难。你还可以把要处理的阅读材料分成若干份，然后每次处理一部分。每当你处理完一部分就会有一种成就感。在这种成就感的推动下，你的阅读过程就会轻松多了。

导致拖延的另外一个原因就是对阅读材料缺乏兴趣。缺乏兴趣就失去了阅读的动力，从而影响阅读效率。在阅读之前应该先为自己确定阅读目标，比如你想从中获得哪些信息，有了目标也就有了动力，兴趣也就会随之而来。

此外，你还可以问问自己：如果不阅读这份文件会有什么后果？如果你现在时间充裕，那么可以先把它放在一边。"二战"时，有一位飞行员叫道格拉斯·贝德尔，他有这样一套理论：如果事情真的很重要，那么迟早会有人通知你，或者提醒你做这件事。如果事情不重要，即使你不做，也不会造成太大的影响。你处理文件、信件或各种阅读资料的时候，也可以采取同样的策略。

有一位老板就是这样做的，他把每天收到的所有信件、报告和各种阅读材料都扔进垃圾桶，通过别人的提醒来判断哪些材料是应该优先阅读的。当然，他的做法略显被动，不值得提倡。当你使用这个策略的时候，要确保真的会有人提醒你，如果没有人提醒你，那么你就要承担很大的风险，担负很大的责任。

辨清主次

要想筛选出必要的阅读文件，就要辨清阅读材料的主次，制订阅读计划，排出阅读的优先顺序。之所以面对一大堆阅读文件不知道从何下手，主要是因为不能分清轻重缓急。如果把你将要处理的文件按照重要程度分出轻重缓急，你处理这些文件就会从容很多。

首先，把你要阅读的所有文件集中起来，快速浏览这些文件的标题，根据文件类别的重要程度分为3类：紧急文件、重要文件和一般文件。

然后，浏览文件的内容，评估文件的价值，明确阅读的目的。你可以问问自己：我阅读这个文件是为了获取哪方面的信息？阅读这个文件可以给我带来什么好处？仅仅是为了完成任务，还是有什么其他的价值？也许你把一些文件归入了重要文件，结果发现这些文件并没有什么价值。明确了阅读的目的，也就有了阅读的动力。

接下来，列出处理这些文件的顺序表，并估算出处理每项事务所花费的时间。根据需要时间的不同，把阅读排入日程。对于数周以后才会用到的信息，现在可以不看，否则临到用时还得复习。

为了获取资讯，我们要进行大量阅读，包括纯消遣的、涉及工作方面的以及为了研究的等等。等待我们阅读的书籍和文件这么多，加上繁忙的工作，我们没有那么充裕的时间把每本书或文件都从头读到尾。因此要制订阅读计划，充分利用时间。为了保证阅读效率，你可以遵循下面几个原则：

1. 在精力充沛的时候阅读，不要在感到疲倦的时候阅读。

2. 制订阅读计划，留出的时间要比计划的时间稍多一些。

3. 如果出现新的阅读材料打乱你的计划，要先评估文件的类别。如果不紧急，就放到一边，等到有剩余时间再说。如果是无关紧要的文件，就及时清理。

不同的文件要分清主次，才不至于浪费时间，同一份文件中的内容同样要辨清主次，才能抓住重点信息，提高阅读效率。那些善于阅读的人耗费于一本书的阅读时间，平均只需要20~30分钟就够了。为什么这么短呢？因为一本书或一份文件中的内容，符合你需要的信息可能很少。在大部分书籍或文件中都有足够多的叙述是次要的，或者是重复的。只要把握住核心内容，其他的内容可以忽略，也算是达到了阅读的目的。

事实上，优秀的阅读者并不是在短时间内"读完"一本书，而是在短时间内获得自己所需要的"信息"。如果在短时间内进行快速阅读，并有效率地获得信息，就必须满足一个条件，那就是要明确地知道你想获得哪些资讯。有了明确的目标，带着疑问进行阅读，阅读效率自然会提高。仔细地阅读目录，分辨出哪些是主要内容，哪些是次要内容。重要的地方可以多读10分钟或20分钟，不重要的地方可以一掠而过。

如果不知道自己想要的信息，你就找不出应该仔细阅读的地方。如果在不知道自己需要什么样的信息的情况下，把一本书从头读到尾，那还不如花10分钟只阅读必要的地方效果更好些。对读者来说，最重要的不是阅读时间的长短，而是能否在较短的时间内获得自己需要的信息。这要凭借一种敏锐的判断力，知道哪一部分是应该仔细阅读的重点内容，哪一部分是可以忽略的次要内容。

在阅读一本书或一份文件之前,要先弄清楚阅读的重点。做到这一点,你需要掌握一些阅读策略。首先,要获得阅读材料的背景信息,弄清楚这份阅读材料与你要获得的资讯有什么关系。如果文件是别人让你看的,那么在接手的时候,就要请教他们为什么让你看这份文件。这样就明确了阅读的目的,知道自己为什么要处理这些信息。其次,通过浏览全文和检视阅读获取文件的主要内容,对照自己想要获得的资讯,找到重点内容。如果是别人交给你的文件,你也可以让他们大概讲解一下主要内容和你需要注意的重点问题。

在阅读时,可以根据时间限度来选择阅读的方式。有时只需要精读刚开始的10页,因为有很多书在开头部分就是在叙述全部内容的核心。如果你的时间有限,那就不妨只阅读文件的开头部分和结论部分。如果你的时间比较充裕,你可以先预览全文,找出文章的中心思想、关键词和重要数据,积极地阅读每节的第一段和最后一段。当你找到自己需要的信息时,做好笔记——你可以写在笔记本上,或者直接在文件上做标记。如果不及时记下来,你很可能会忘记一些有价值的信息,当你再想到这个问题的时候,只知道在文件中看到过,但是怎么也找不到了。

需要注意的是,阅读内容的主次和作者写作内容的主次是两个概念。对作者来说,文章的主要内容是能够表达自己主要观点的内容。对读者来说,主要内容是能够满足自己所需要资讯的部分。你可以从文章的开头和结尾部分寻找文章的核心内容,但是有些时候二者是不一致的，这就需要你预览全文之后，再从中筛选出自己需要的信息。

快速信息查询

在文件或书籍中寻找信息，首先要明确你想找什么样的信息，就像在网络上一样，搜索信息的时候一定要输入关键词，才能尽快找到你需要的信息。你对自己想获取什么样的资讯要有明确的概念，否则你就很难得到相应的信息。比如，在使用网络的搜索引擎时，如果你输入的关键词概念模糊，就会找到太多的相关信息，很难从中筛选出你真正需要的内容。

简而言之，就是在搜索信息的时候要有明确的目标。当你在寻找什么的时候，你就会最先看到什么，而对与你所关注的信息无关的内容视若无睹。你的目标越明确、越具体，就越容易找到相关信息。

如果你检索出的文献量过多，有两个原因，一是关键词多义性，二是关键词不够具体。如果关键词有多种含义，那么搜索的信息的大部分内容是你不需要的。比如"算账"这个词基本义是计算账目，引申义是吃亏或失败后和别人较量。如果把"算账"作为关键词，你就会搜索到一些你不需要的内容，还要从中筛选出你需要的信息。如果关键词不够具体也会大大降低查询速度和质量。比如你想查询黄河的水质情况，可能会找到黄河上游、中游、下游，过去10年和过去5年的水质情况。事实上，你想要的是现在黄河下游的水质情况。因此在查询信息时，要在关键词前面加上一些必要的修饰语和限定词。

图书馆提供了一切你所需要的信息和指导。训练有素的图书管理员会向你提供信息，并介绍如何运用它们。你自己也可以了解一下中国图书馆分类法和图书馆的组织方式，快速找到相关学科专业的信息资源。利用信息检索功能和参考文献数据库找到你需要的文献资料的摘要、目录和索引。根据这些信息评估文献资料的价值，如果文献的内容对你有用，就找到文献全文进行分析阅读。

你可以先从百科全书开始搜索资料，然后查阅相关专业的期刊，从中找到你需要的参考书和文章。你还可以使用主题或作者索引，通过图书馆的电脑信息管理系统和卡片系统来搜索。然后把找到的参考书和文章做一个列表，一旦遇到你需要的信息，就把它们加到列表中。

找到相关书目之后，先浏览目录，标出看起来能够给你提供信息的章节。把相关章节的页码标注在文章后面，并写上自己想从中获得哪些信息。你还可以直接在相应的章节上做标记，在边白处写上关键词，提醒自己可以从中获得哪些信息。

最快捷、最便利的搜索工具要数互联网了。你只需要弄清楚自己想查找哪方面的信息，输入关键词，按下回车键，就可以得到大量相关信息。著名的中文搜索引擎有百度、Google、搜狗等。通过网络搜索常识性的问题非常便利。如果你想获得某一类别的信息，还可以通过分类搜索网站获得，比如新浪读书搜索、百度游戏搜索、雅虎图片搜索等等。但是如果你想查询专业的问题，在一般性的网站上可能得不到权威的信息，你可以先搜索到该领域的专业网站，然后在专业网站查询你想要的信息。找到你需要的信息之后，把信息提取出来保存在电脑上，并把相关网站收藏起来，这样就方便以后再次查询。

搜索信息时不但要求速度，还要保证质量。在搜索信息时，一种常见的错误做法是没有预览足够信息，就匆匆停止搜索了。也许你搜索的信息不能代表那个领域的权威观点，也许关于那个问题还有最新的观点。由于你参考的信息不够权威，由此做出的结论也就缺乏说服力；由于你搜集到的信息不够全面，就会导致你做出的判断存在偏差。因此，在搜索信息时要广泛收集多方的资料，保证信息的准确可信。

搜索某一主题的信息时，你会发现你找到的信息并非与教科书里写的保持高度的一致性。在任何一个领域都存在众多的争议，不同的专家对同一个问题往往持有不同的观点。你需要搜集各种观点，加以充分的分析比较才能让自己提出的观点更有说服力。尤其是针对有分歧的观点，更应该深入研究，掌握不同观点立论的根据，分析各个观点之间的差别，不要轻信某个单一的观点。形成自己的观点的过程就是通过独立思考不断立论和驳论的过程。

在搜索信息的过程中要有打破砂锅问到底的精神。也许你搜集到一些信息之后，又会产生另外一些疑问，这时需要搜集更多的信息来解决现在的疑惑。比如你遇到生词查词典的时候，那个生词的解释中还有不认识的字，你不得不再次查询。这样反复几次才能把一个生词弄懂。如果你查询的资料很少，就不能彻底全面地弄明白你所关心的问题。因此，不要仅查到一两本书就停止搜索。

搜集到信息之后要按照一定的标准对信息进行分组整理。比如，持正面观点的信息分为一组，意见相反的观点分为一组；主流的观点分为一组，非主流观点分为一组。此外，还可以按照时间顺序回顾该问题的发展历程。这样经过一番分析整理之后，你就能对自己所关心的问题形成整体的认识。

新客户资料的阅读

当你接到新业务的时候，不管是处理新项目，还是和新客户打交道，都需要获取一些新的资讯。

如果新项目不属于你的专业范围，你也要尽量提供专业化的服务，这就要求你学习很多相关专业的知识。为了在新的项目中能够得心应手，你需要在着手工作之前，了解相关专业的信息。首先，明确自己要处理的是什么工作，需要哪方面的专业知识；然后，问问自己已经具备了哪些知识，还需要知道哪些知识；在这个专业领域，你有哪些疑问，在哪里可以获得相关信息。把这些问题的答案在笔记本上整理出来，然后寻找相关信息，补充自己在这个领域的知识。

接受一项新任务的时候，你要弄清楚完成这项任务所需要的专业程度。如果需要的专业程度很高，你就有必要雇佣专业人士帮助你完成工作；如果专业程度要求不是很高，经过学习和努力你可以承担，那么自己就可以负责这项任务。虽然会承担一定的风险，但是也是学习新知识、增长经验的好机会。

确定自己承担新项目之后，就要尽量多搜取相关信息，花一段时间来学习。只有当你对相关领域有所了解之后，才能顺利地开展工作。你可以通过专业书籍、专业杂志、网络搜寻相关领域里的常识性、一般性的阅读资料。这样可以对新的领域有一个基本的了解。尽量获取多种不同的观点，进行比较鉴别，对你要处理的项目得出客观全面的认识。

在此基础之上，你还可以与该领域的专家交谈，他们可以帮你快速找到最佳的信息。此外，你还可以从上级那里得到一些必要的建议和指导。你还应该及时地与客户沟通，了解客户的需要，使自己的工作成果得到客户的认可。

在工作过程中，积极地与别人交流、向别人学习是让自己保持正确方向的好办法，而且这样能够保证自己发挥最大的潜能，尽全力把工作做到最好。因为你能从别人那里获取资讯和指导，谦虚好学、不耻下问的人总能得到别人的支持和尊敬。

很多人在涉足新的领域之前，总是说："我对这个领域不熟悉，等我学会这方面的知识再说吧。"最后，他们将永远也不会踏入新的领域，因为他们把学习和做事分成了两个阶段。自学没有毕业的说法，学到什么程度才可以从事工作，没有一个衡量标准。正确的做法是一边工作，一边学习。在工作的过程中学习，还可以把学到的知识立刻在实践中应用起来。

搜集资料的时候，你可以把资料进行分类处理。比如按照重要程度分为重要信息、一般信息和无关紧要的信息。有了主次之分，你就能更好地掌握这些信息，学习起来更容易，工作压力也更小。

如果你面临的是新客户，那么你就要把注意力放在客户身上，搜集客户的相关信息和资料。工作的任务最终是为了满足客户的需求，因此要思考怎样才能满足客户的需求。首先，要了解客户的基本情况：客户是怎样的公司或个人？他们处于什么样的市场？客户熟悉这个领域吗？从事这个领域多长时间了？他们清楚自己想要什么吗？客户为了事业发展自愿委托你做这项工作，还是为了生存不得不委托你做这项工作？如果客户是自愿的，说明他们比较理性，对你工作的要求也会很高。如果客户为了生存而不得不委托你，那么他们对你的要求不会太高。你还要了解他们对你的态度，他们会参与你的工作吗？他们会监督你的工作吗？了解这些问题之后，你就做到对自己将要处理的工作心中有数了。

此外，你还应该了解客户的成长背景、企业文化以及在市场中的地位和影响力。通过浏览他们的网页，你可以了解一些客户对外公开的信息。通过与客户的接待员和助理交流，你还可以了解一些内部情况。这样可以使你再次与客户打交道的时候多一点自信和控制局面的能力。

如果你刚开始从事新的工作，要同时面临新的项目和新的客户，那么你不仅要了解做什么，还要了解为谁而做。你可能会感到有压力而不知从何下手。其实，只要按部就班地从两方面着手搜集信息，就不难顺利完成任务。如果你的工作需要很强的专业技能，你可以参加一个专业技能培训班，进行一次快速充电，还可以结识一些这个领域的专家，遇到问题可以向他们请教。

学无止境，在工作中的学习要比在学校中的学习更重要。在工作中，你得到的信息越多，就会越得心应手。专业技能也是不断吸取新资讯的过程中提高的，获得的资讯越多，在工作中的表现越好。如果你需要面对客户，还要掌握客户的各种信息。只有对客户有充分的了解，才能给客户提供满意的服务。

总之，如果你对自己的事业发展负责，那么你就应该积极地阅读各种资料，掌握各种信息，提高自己的专业素质。

精减阅读量的方法

虽然掌握速读方法之后能够快速处理大量信息，但是并不是说处理的信息越多，阅读能力就越强。优秀的阅读者还应该懂得筛选鉴别，从众多阅读材料中找出对自己有用的材料认真阅读。我们没必要花费时间和精力去阅读那些对自己没用处的资料，聪明的阅读者应该尽一切可能减少阅读量。

减少阅读量的第一个方法就是扔掉垃圾文件，从大量文件、报告和备忘录中筛选出值得阅读的材料。如果你是公司的领导，办公桌上肯定会经常堆满各种文件、报告和备忘录。堆积如山的阅读材料，看到就让人头疼。在无形中，它们会给你的工作造成压力。事实上，在那些文件中很大一部分是与你无关的内部文件和浪费时间的广告邮件。这些没用的文件完全可以扔进垃圾箱里。这样一来，你的阅读任务就少了很多。

当你收到一份报告或备忘录的时候，立刻对它们进行快速浏览，判断是否对自己有用。如果是没用的材料，不要犹豫，立刻把它们扔进垃圾箱里。否则，如果你把它们放在一边，即使不看，也会给你造成阅读压力。

有些文件看似和你有关，实际上只是需要你做出决议，之后就和你没有任何关系。因此，这类文件的重要性和处理它们的紧迫感就会降低。处理这类文件的时候，你可以根据情况，要么扔进垃圾箱里，要么在正式工作之前用最短的时间把它们处理掉。

还记得道格拉斯·贝德尔的理论吗？如果事情真的重要，迟早会有人通知你。如果你不确定某份文件是否对你重要，你可以先把它放在一边待定，或者安排在阅读计划的最后。如果有人提醒你处理那个文件，说明那个文件应该得到关注了。

最后，要检查文件中的信息是否能帮你解决问题、在你需要的时候是否有效、信息是否已经过时。如果一份看似有用的文件已经过时了，它对你来说就和垃圾一样，没有必要在那上面浪费时间和精力。把过时的文件扔进垃圾箱，你的阅读量又会减少一些。

接下来，把所有需要你关注的文件、报告和备忘录收集起来，数一数页码，估算一下看完这些内容大概需要多少时间。然后快速浏览这些文件，分清主次，排出阅读顺序，制订阅读计划。

浏览文件的时候，注意这些文件是否有相似之处，是否有些文件来自同一个人或同一个部门？对待这些文件，是否只看其中一份文件就够了？是否有些文件不请自来？这些文件对你来说重要吗？如果不重要，是否可以忽略不看？你还可以研究文件的结构，掌握了文件的结构和写作套路，有利于你快速找到文件中的重点信息。比如，很多文件都会在文章的开头和结尾部分概括文章的核心内容。如果你只阅读文件的开头和结尾部分，能否充分理解文件的内容？如果可以，何苦再浪费时间和精力阅读全文呢？掌握了一般文书的写作套路，你就能很快找到哪部分是你需要阅读的内容，哪部分内容可以忽略不看。这样就可以使阅读量大大减少了。

在一份文件中，值得关注的信息可能只有几段话，甚至几句话。如果你能快速找出文章中的关键句子，就可以省去阅读其他内容的时间。这需要辨析和筛选文中重要的信息，以及对文章内容进行归纳和概括的能力。有时，文章中几段话都在反复论证一个问题，如果你只是想了解作者的观点，就没有必要仔细阅读作者的论证过程，概括出作者的主要观点就行了。

有时候，和相关人员交流一下，可以使你省去很多阅读文件的时间。一般情况下，交给你文件的人都比较了解文件的内容。因此，当你在接到一个文件的时候，最好问问给你文件的人，这是一个关于什么的文件，主要内容是什么？了解了文件的主要内容之后，你就清楚应该如何处理它。如果是一份不重要的文件，你可以等时间充裕了再做处理。别人的讲述好比让你做了一次预览，你再阅读的时候就会更加轻松。

第十二章

十种高效实用的阅读法

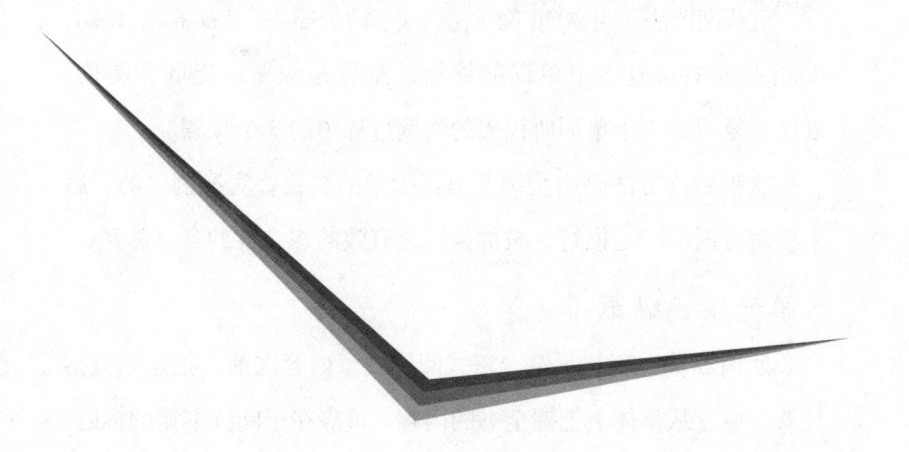

五步阅读法

五步阅读法又叫 SQ3R 阅读法，SQ3R 是 Survey、Question、Read、Recite、Review 这 5 个单词的缩写，意思是纵览、提问、阅读、复述、复习这 5 个单词所代表的阅读过程中的 5 个步骤。

这种阅读方法是由美国艾奥瓦大学的教授鲁宾逊创立的，后来在西方国家广泛推行，被称为行之有效的综合性的自学体系。

· 第一步：纵览

所谓纵览也就是预览，正式阅读文章内容之前，把全书概括地看一遍，从整体上把握全书的内容。重点在于阅读书籍的标题、副标题、前言、目录、内容摘要、图表、图片、注释、参考文献、索引等内容。这些内容可以直接透露出作者的写作意图和文章的主要内容。在阅读正文内容的时候，读者应重点阅读开头和结尾的段落，以及各章节的开头和结尾，因为各章节的主旨通常会在开头或结尾透露出来。这样可以快速获得对整本书的基本印象。

· 第二步：提问

提问是指在纵览的基础上，对书中的重点、难点以及相关的注释和提示设置一些问题。比如，可以将书名、章节名转换成问题，问自己这些章节分别讲了什么内容，也可以问自己对于相关章节已经知道了哪些知识。这种把标题转化为问题的工作可以在浏览标题时进行，但必须付出努力，才能在阅读过程中寻找它的答案。有些书的章末或副标题的下方有思考题，这些思考题同样在给我们指明阅读的方向。提问可以使阅读者明确阅读的目的，使阅读这项思维活动更有主动性和积极性。

提问可以帮你把注意力集中在重点内容上，提出疑问的地方必然是你不明白的地方，也就是需要重点了解的地方，你要从每个标题中引出一个或几个问题来。这些问题会增加你对阅读的兴趣，有助于新旧知识的融会贯通。提问可以促进你对已知信息的提取，更快地理解文章的内容。

· 第三步：阅读

阅读是指带着问题进行深入阅读，一边阅读一边思考问题的答案。阅读时要试图回答你自己提出的问题和书上的思考题，通过阅读来解答前面提出的问题，就使阅读变成了主动积极地寻求答案的过程，而不再是被动机械的逐字逐句的视觉扫视过程。如果在文章中找到了答案，或通过思考有所感悟，就在书页上做标记，或者记录在笔记本上。读书笔记不但可以增强理解和记忆，而且方便以后进行复习。最好读完一个完整的章节，就回顾一遍，复习这个章节的重点内容。

这时要采用精读的方式，要弄清楚那些陌生术语和词语的确切含义。注意段首和段尾的关键词,掌握关键句子和重点段落的意思。阅读时需要注意以下几点:特别留意下画线、加粗或斜体字;阅读辅助说明的图像;阅读难度较高的篇章时要放慢速度;遇到不明白的地方,要停下来,再重读一遍;一次只阅读一小段并复述那一段。

·第四步:复述

复述就是在理解的基础上记忆文章的内容。读完一部分内容之后,把书合上,试着把刚才看到的内容复述出来。这是进行学习和记忆效果检查的最有效办法。复述不是逐字逐句地死记硬背,而是掌握文章的中心思想,在理解的基础上把作者的意思用自己的语言表述出来。掌握文章的主旨、各个章节的主要内容以及文章的整体结构,就能够提纲挈领地记住文章的内容。

·第五步:复习

复习是巩固阅读成果的阶段。如果不及时复习,很快就会遗忘阅读过的内容。读完全书或一个完整的章节之后,看一遍笔记,以获得对书中各个要点之间关系的总体印象,并通过复述每一大标题之下的要点来巩固自己的记忆。结合多感官记忆法加强记忆,你运用越多的感官刺激,越能记住重点。如果同时运用看、说、听、写、想,你的学习效果就会增加4倍。

复习应该按照艾宾浩斯遗忘曲线及时地巩固阅读过的内容。巩固知识有两个关键时期,一个是阅读1分钟之后,一个是阅读24小时之后。因此,复习要及时,看完一章书就应该回想一下这一章主要讲了哪些内容。一天之后，要回忆前一天学到了哪些知识。如果不及时复习，学过的知识会有一大半被遗忘掉。以后，隔一段时间就要对以往的知识进行重复复习，保证学习和记忆的效果。

五步阅读法适合文学作品、科技读物等不同类型图书的阅读。尤其是对于需要精读的重要文件和学习资料，采用这种方法阅读效果都非常好。五步阅读法细致地规定了每一个步骤，你不妨选一本合适的书，反复练习几次，看效果如何。

小练习

运用五步阅读法安排一周的阅读计划。

◎ 五步阅读法第一天

预览整个材料，找到文章中的主要内容，根据内容提出问题。把你提出的问题写在笔记本的左侧，在阅读过程中找到答案，把答案记录在右侧。阅读完毕之后，整体浏览一下书中的重点和笔记上的内容。

◎ 五步阅读法第二天

迅速阅读课文或笔记，回忆昨天阅读的重点。盖住笔记本的右侧，看着左侧问题，然后凭记忆复述答案。检查自己遗忘了哪些内容，把高难度的知识点记录在卡片上，运用记忆技巧掌握关键性的知识点。

◎ 五步阅读法第三天、第四天、第五天

参照记录知识点的卡片和笔记，回答自己提出的难点问题。若有需要，可以参考相关的书籍和文章。

◎ 五步阅读法周末

利用课本、笔记和卡片，制作一个知识体系，列出文章中的重点内容。在知识体系的指引下回忆文章的内容，口头复述出细节内容，进一步巩固学过的知识。

勾画阅读法

勾画阅读法是指一边阅读一边用符号在书上勾画重点内容的读书方法。这种方法一方面可以勾画出重点、疑点、难点内容，加深对这些重要信息的印象，帮助我们思考和记忆文章的内容；另一方面可以把阅读过程中产生的感悟和见解记录下来；此外，对文章内容的标记还可以引发我们的联想，对文章内容进行再创造，使书本的知识真正成为你自己的，并由此有所发现和创造。

勾画阅读法可以分为两个步骤：

· 初读标记

在读第一遍时，你对书中的内容不是很了解，阅读的重点在于把握文章的整体内容和文章的主要结构。做标记的目的是标出要点、难点、疑点，但是在第一次阅读的时候，可能你对重点内容把握得不是很准确，所以建议你使用铅笔做标记，以免将来在书页上画了太多标记，分不清哪个是真正的重点。

第一遍阅读带有预览的性质，阅读的目的不是关注文章的细节，而是把握整体精神和整体脉络，所以也不需要使用烦琐的符号标记，何况还要进行一次仔细的阅读。阅读时只需要把你认为在下次阅读时应该注意的内容标记出来就行了。你可以用3种不同的标记来表示重点、难点和疑点，比如用下画线表示重点内容，双下画线表示难点内容，曲线表示疑点内容。当然，有时这些内容之间会有重复，初读时不用特别在意。

· **重读整理**

阅读完一遍之后，对书中内容有了整体的了解，重读时需要整理第一次阅读时在文章中做的标记，并依据这些标记仔细阅读要点，深入研究难点，着重思考疑点。第二次阅读，可以结合上下文对文章更进一步进行理解，融会贯通之后，有些重点内容不再是重点了，一些难点和疑点问题就变得明朗起来了，先前勾画的难点、疑点也已经不复存在了。这就需要重新整理阅读标记，更改或取消一些标记符号。因为前面你使用的是铅笔，改起来很容易，而且不会对书面的整洁造成影响。

对标记进行整理之后，文章的内容和结构就会更加明了。有些重点内容可以合并在一起，你可以明显地感到书本由厚变薄了，通过去粗取精，你已经掌握文章的精华，把知识牢记在心。

在第二次阅读时，要对文章的内容进行细致的分析。因此需要多种不同的符号表达不同的意思，你应该使用具有区别意义的符号，并始终一贯地使用，最好形成自己的一套标记符号系统。如果你不弄清楚每个符号所代表的意义，当你返回头来再看书上的标记时，就会看不懂或者混淆符号的意思，这就失去了做标记的意义。

下面几种符号是经常采用的勾画标记：

下画线表示重点内容；双下画线表示难点内容；曲线表示疑点内容；‖表示重点层次；（）表示重点段落；××表示谬误；？表示有待考证的内容；#表示待摘录的重要参考资料。

此外，你还可以用不同的颜色赋予这些内容特定的感情色彩，比如用红色表示正面的内容，用蓝色表示反面的内容。

这里我们指出的只是一种建议，标记的方法有很多种，你可以根据自己的喜好选择。当然，你也可以自己定义不同符号所代表的含义，甚至可以发明新的符号，关键是你要明白不同符号所代表的含义分别是什么。

勾画标记最重要的原则就是含义明确，前后一致。要时刻记住使用符号标记的目的是更好地理解文章的内容，不要为了使用符号而使用符号。如果你混淆或者忘记了符号的意义，不但不会增进你对文章的理解，反而会给你的理解造成障碍。有时为了提醒自己符号的意思，你还应该在符号的旁边加上批注。批注的内容可以是你对文章内容的评论、理解、体会、质疑，也可以是提醒自己下次阅读的时候应该注意的内容，方便自己以后复习。批注可以写在书页的天头、地脚、边白、中缝、篇头、篇尾或段尾的空白处。但是,书中的空白部位毕竟是有限的,因此做批注的时候一定要注意文字力求简洁精练,字要小,尽量不要涂改。否则会影响页面的美观。

做标记可以使你手脑并用,细致地分析文章的内容,大大加强阅读效果。哪些是需要格外注意的,哪些是存在疑问的,哪些内容激发了你的联想,哪些内容对你的学习和研究是有价值的,把这些内容标记出来之后,不但可以辅助你思考问题,还能方便你以后复习时快速抓住重点。

小练习

在阅读过程中,你不妨试试文中提到的这种阅读方法。至少把文章中的关键词、关键句子和重点段落勾画出来。

笔记阅读法

俗话说,好记性不如烂笔头。做笔记的目的就是为了方便查找和复习,使学习和研究工作能够更明确、更深入、更顺利,避免盲目性查找和不必要的重复,同时为我们节省很多时间。做笔记的读书方法历来就为学者文人所倡导。

笔记阅读法应该与前面提到的勾画阅读法结合起来一起使用。在谈勾画阅读法的时候，我们提到有必要在符号标记的旁边写上一些批注，这些批注就是笔记的一种形式。

读书笔记有3种类型：摘录式笔记、评注式笔记和心得式笔记。

摘录式笔记是指在阅读过程中把重要观点、精彩的描述以及对自己的工作、学习有用的句子、段落、公式、图表等内容准确地抄录下来，方便以后查找翻阅。按照摘录的内容不同又可以分为抄录式笔记、摘要式笔记和索引式笔记。抄录式笔记是指抄录全篇的内容。摘要式笔记是指把阅读材料的重点和主旨用简明扼要的话写下来。索引式笔记是指在笔记本上记录书刊的名称、著者、文章的题目、书刊的年代、卷期和页数等信息，以备将来查找。这种笔记对专业研究来说非常实用，可以系统地反映出某一主题的相关文献资料。做索引笔记的时候，可以根据需要，按照不同的线索进行编写。有以人物为线索的，比如《古今人物别名索引》《中国名作家传》《外国音乐家传略》。这种编排可以把在某方面做出贡献的人物的事迹和主要著作整理起来。有以文献资料内容为线索的书目，如《中国史学论文索引》《西方名著提要》等。这样可以把分散在不同学科中的同一主题的书刊资料，用索引的形式系统地反映出来。还有以学科为线索的，即把属于同一学科的文献资料归纳在一起。为了更方便将来的阅读，还可以在题目之后再附上该条目的简要说明，将来查找引用的时候就一目了然了。

评注式笔记是指不但要摘录出书中的内容,而且对书中的内容发表自己的看法和心得。这是一个读者与作者对话的过程,与摘录式笔记相比,评注式笔记需要读者更加主动地阅读。评注式笔记按照内容的不同可以分为4类:提纲式笔记、提要式笔记、批注式笔记和补充式笔记。

提纲式笔记是指用纲要的形式把文章或著作的主要论点和基本内容记录下来。

提要式笔记是指用归纳中心思想的方式总结一本书、一篇文章或一段话的主要内容。

批注式笔记是指直接在书上做标记包括写注释、提要、批语或警语。

注释包括陌生字词的含义、名言的出处、文章的作者等内容。阅读时,遇到陌生字词或术语,立刻查字典、找参考书,弄清楚之后,把单词的意思写在该书的空白处。这样就扫除了阅读障碍,而且可以帮助我们理解和记忆。

提要是指用几个字或一个简短的句子概括一段话或一篇文章的中心,写在书的天头或地脚上。在读书中,边看边思考,然后用精练的语言把某段的中心意思记下来,这样就便于把握文章的脉络,复习浏览时很快就能了解到文章的核心内容是什么。

批语是指读者在阅读过程中,产生各种感想、见解和疑问后,对文章内容做出的评价。这时可以随手把批语写在书的空白处。有些念头往往一闪而过，如果不及时记录下来，可能会再也想不起这些宝贵的思想火花。

警语是指读者在阅读过程中，在重要段落、主要论点以及需要特别注意的地方做的标记。为提醒自己，可写上"注意""重要""记住"等字样，或者画上重点符号。当你复习的时候，这些警语会立刻引起你的注意，并为今后重点阅读提供条件。列宁读书的时候就采用这种方法。每当读到精辟处，他就批上"非常重要""机智灵活""妙不可言"等，读到谬误处，就批上"废话""莫名其妙"等等，有的地方则干脆写上"哦""嗯，是吗""哈哈""原来如此"等。

心得式笔记类似于读后感，读完一本书或一篇文章之后，把自己对文章的理解、领会、感想，受到的启发和得到的收获以笔记的形式记录下来。心得式笔记可以分为读后感、札记式笔记和综述式笔记3种。

读后感就是读完文章之后，经过认真思考，结合自己的知识和经验，把阅读后对文章的理解和体会，以及由此引起的收获和感想写下来的笔记。札记式笔记是指在阅读过程中把心得、感想和体会随时记录下来的笔记形式。综述式笔记是指读过几篇文章或几本书之后，对这些文章和书籍的内容进行整理概括，归纳总结而写成的笔记。综述式笔记适合在主题阅读的最后一步，对文章内容进行分析讨论的时候使用。

用笔记阅读法读书，你会体验到前所未有的成就感。因为只有当你对文章的内容有所记录，并写出自己的心得和感受，才能证明你获得了书中的内容。从笔记中也可以看出你思想发展的过程。

在柏林图书馆的大门上，写着这样一句话：这里是人类知识的宝库，如果你掌握了它的钥匙的话，那么全部知识都是你的。所谓"知识宝库"的"钥匙"之一就是笔记阅读法。只有通过做笔记的方式，你才能把书中的内容与自己的思想快速融合起来。

小练习

准备一个笔记本，把每天阅读的重要内容记录下来。一周之后对笔记本上的内容复习一遍，巩固学过的知识。

三遍阅读法

三遍阅读法又叫三步阅读法。意思是将一篇文章或一本书读三遍，每一遍侧重不同的方面。这是很多著名学者提倡的一种读书方法。这种读书方法有多种类型，常见的有下面几种。

· 鸟瞰—解剖—贯通

这是近代学者梁启超提出的适合学术研究的阅读方法。第一遍鸟瞰，也就是我们反复强调的预览全文，居高临下，看清全文，从整体上把握文章的内容，获得对文章的整体印象，找出文章的重点。第二遍解剖，对找出的重点内容进行细致分析，对难点和重点内容深入研究，探求文章的深层含义。第三遍贯通，就是在前面两遍阅读的基础上，结合自己的知识和经验，联系作者的写作背景，分析作者为什么要这样写。了解文章的历史意义和现实意义，分析文章的内容对自己有什么价值。

· 鸟瞰—精读—吸收

这是现代文学家茅盾、数学家苏步青等人总结出的阅读方法，适合文学作品的阅读。第一遍鸟瞰，依旧是为获得初步印象而进行的全文预览。第二遍是精读式阅读，要逐字逐句，逐段逐章研读，弄懂字面意义，深入理解内容、写法。挖掘作品的深层含义，从各个角度思考、品味作品的意义。重点在于品味文章的谋篇布局、表达方式和修辞手法，分析作者要表达的感情和中心思想。第三遍强调对文章的内容进行消化吸收，融会贯通作者所表达的思想，把书本上的内容真正化为自己的知识，吸收先进的思想和语言精华。思考书中的内容怎样才能为我所用，在运用的过程中，加深对文章内容的了解。

· 了解—评论—接受

这是现代教育家、文学家叶圣陶提出来的阅读方法。第一遍阅读的目的是了解作者要表达的主要内容和思想感情，不要对文章内容产生误解或遗漏重要信息。第二遍阅读的目的是对文章内容和作者的思想进行评论，分析作者的知识是否充足，作者的观点是否正确，论证过程是否符合逻辑。我们前面提到过，评论不等于盲目地批评，你可以赞同或反对作者的观点，但是一定要有自己的理由和根据。第三遍阅读的目的是接受，接受的意思并不是照单全收，而是以积极主动的姿态对待文章的内容，把"应当记住的内容记忆起来，应当体会的东西体会出来，应该研究的问题研究出来"。

·欣赏—拆卸—浏览

这是当代小说家王汶石提出来的阅读方法，适合对文学作品进行精读时使用。第一遍阅读的目的是欣赏，欣赏作者的写作技巧、人物形象、语言的韵律以及作者所塑造的意境。第二遍阅读的任务是拆卸，拆卸文章的结构，分析段落是怎么组织的，结构是怎么安排的；拆卸语言和表现手法，分析语言是怎么运用的，作者的观点、情感和思想是怎么表达的；拆卸人物关系，分析不同的人物之间是怎么组织起来的，如何推动事件发展的。读者应该像电器维修专家拆卸电器一样，仔细分析文章的内部结构，慢慢品味细节之间的组织关系。第三遍阅读要对全文进行浏览，把文章作为整体从宏观上进行把握。第二遍阅读是对文章进行细致的分析，第三遍则是对文章进行综合，以获得一个整体的印象。

·字词—句子—章节

这种阅读方法是我国传统的阅读方法，从微观到宏观，从局部到整体逐步把握文章的内容。第一遍先从细节着手，弄懂生字词和术语的意思，第二遍把字词串联起来，理解各个句子的意思，第三遍把句子串联起来，理解各个章节和整篇文章的意思。这种方法也叫作串读法。元代文人程端礼做过如下描述："每句先逐字训之，然后通解一句之意，又通解一章之意，相连续作去，明理演文，一举两得。"用这种方法阅读文章，既可以明白文章所传达的道理，也对文章的表达方法有所了解，因此是一举两得的阅读方法。这种方法适合阅读古文或艰涩难懂的专业文章。

运用三遍阅读法，不管你采用哪种具体的形式，都可以加深对文章的理解和记忆。每一遍阅读都带有一定的目的，这就避免了阅读的任意性和盲目性，大大提高了阅读的效率。按照一定的规则进行阅读，你才能知道自己要达到的阅读目标。三遍阅读法保证我们既能从整体上把握文章的结构，又能从细节上对文章进行分析。如果妄图同时实现这两个目标，就会顾此失彼，甚至劳而无功。

小练习

尝试使用三遍阅读法阅读一篇文章，牢记每一遍阅读的目的，体会每一遍阅读的收获。

积累阅读法

积累阅读法是指以积累各种知识和语言材料为目的的阅读方法。这种阅读对我们每个人的书面语言表达能力的提高和知识的积累都有重要的意义。进行积累阅读需要掌握全部基础阅读的技能，中小学阶段和大学低年级阶段的阅读都是积累性阅读。

积累阅读是最初阶段的阅读，它的基本特征是强调熟读和背诵。通过熟读和背诵达到对字词、句子、篇章等语言材料，各种修辞手法和写作手法，以及文章所传达的思想内容的积累。我国古代文人所说的"蓄词""蓄句""蓄篇"就是指积累阅读而言。熟读可以加深字词、句子和篇章在大脑中的印象，也是达到记忆的重要途径。反复阅读还能使读者对已有的知识和经验与文章中的新知识进行摩擦碰撞，实现对文章内容更深层次的理解、消化和吸收。

背诵要建立在理解的基础上，理解文章大意之后，经过多次阅读就能实现对文章内容的记忆。在理解和熟读的基础上很容易记住文章的内容，而且不容易遗忘。反过来，背诵的过程可以加深对文章内容的理解，所谓"书读百遍，其义自见"就是这个意思。刚开始对你来说很难理解的内容，经过多次阅读直到能够背诵之后，你就对文章的内容有了比较深刻的领悟，得到进一步的理解。

  量的积累可以达到一个质的飞跃。积累性阅读应该以经典的文学作品为材料，比如四大名著、唐诗宋词、《古文观止》、近现代的优美散文等等。经过这些经典文学作品的熏陶渐染，我们的文学素养和对文字的感受能力就得到大大加强。

  积累知识不是一朝一夕的事，需要一个渐进的过程。正如当代作家铁凝所说："任何一本好书给读者的营养都是缓慢渗透的。"所以阅读不能急于求成，应该细细地体味，耐心地琢磨，才能渐渐领会文章中的深层含义。

  "苏门三学士"中的苏洵，年少时根本不喜欢读书，到了壮年还不知道读书的好处，后来两次考进士都以失败而告终，才开始发愤图强。他在以后的很长时间中只是读书，从不动笔写文章，知识在心中默默积蓄，过了五六年才说："可以了！"于是落笔成文，洋洋洒洒，文思泉涌，贯通古今，挥洒自如。可见要想写出优秀的文章一定要以丰富的材料作为基础，积累阅读法是获得丰富材料的重要途径。苏洵能够成为一代文豪，就是采用了这种阅读方法，先积累丰富的材料，而后下笔如有神。

  丰子恺、苏步青等人都强调熟读、精读的重要性。丰子恺以繁体"讀"字的笔画来累计读过遍数。"讀"字有22笔，所以他每篇文章读22遍。第一天读10遍，第二天复习5遍，第三天复习5遍，第四天再复习2遍。经过22遍的阅读，理解和记忆自然深刻得多，而且能够体验到文章从唇间背诵出来的愉快。

世间的好书汗牛充栋，怎样才能实现知识、思想和语言材料的积累呢？明末清初的学者陆桴亭在《思辨录》中这样写道："偶思得一读书法，欲将所读之书，分为三节，自五岁至十五为一节，十年诵读；自十五岁至二十五为一节，十年讲贯；自二十五岁至三十五为一节，十年涉猎。使学有渐次，书分缓急，则庶几学者可由此而成功……"他按照年龄把一生的读书计划分成了几个阶段。按照这种循序渐进地方法去读书，才能实现博览群书。

积累阅读法还需要勤奋和努力，如果三天打鱼两天晒网，就不会有太大的收获。勤能补拙，坚持不懈地努力才能积累到更多的知识。

勤奋体现在勤读、勤抄、勤写的过程中，把略读与精读结合起来，才能实现对文章的理解、记忆以及学以致用的目的。勤读的对象应该是自己目前最需要读的书，选择书中最有价值的内容，反复阅读，并且结合笔记阅读法对书中的经典内容抄写下来，加深理解和记忆。比如书中的精彩描写、名言警句、独特的观点等有价值的内容，以后派得上用场，就把它们摘抄在笔记本或卡片上，以方便以后随时翻阅。此外，你还可以把对书中内容的感想和体会用笔记的形式记录下来。

积累阅读法还要求我们懂得合理安排时间，善于利用时间。合理安排读书时间，即运用统筹法充分利用空闲时间进行阅读。美国哲学家爱默生说："我一般会在清晨读一些诗歌或散文，在黄昏读一些小说或杂记，每当头脑特别清楚的时候，我就抓紧时间来做读书笔记，因为这样难得的时间一定要记些东西才好。"知识的积累就是要靠平时一点一滴的努力。所谓开卷有益，在任何时候，任何地点，不管自己有没有时间去看书，有多少时间去看书，只要你拿起书去看，总比不看书的收获要大一些。

小练习

运用积累阅读法把每天看到的重要知识和精彩内容熟读、背诵，逐渐把书中优秀的知识、思想和语言材料积累起来。

强记阅读法

强记阅读法，顾名思义是侧重于记忆的阅读方法。很多时候，我们阅读的目标是获取信息，只有把这些信息记住才能为我所用，尤其是在准备考试的时候，更需要把书中的内容记在脑子里，才能保证考个好成绩。强记阅读法就可以帮助我们在阅读的过程中实现快速牢固的记忆。

"强记"并不是死记硬背。很多人对死记硬背表示反感，甚至不屑于背诵书上的信息。为了使书上的信息真正成为自己的知识，我们还是有必要对书上的内容进行记忆的。死记硬背确实不是正确记忆信息的方法，为了更有效地记住书上的信息，就需要采用更好的记忆方法。

对于一些信息类的、不需要太多理解的知识，我们可以通过"眼脑直映"进行形象的记忆。训练眼脑直映的阅读方法，发挥想象和联想，可以培养右脑瞬间记忆的能力。人的右脑具有巨大的记忆潜能。那些记忆天才和普通人的区别就是他们使用让想象发挥出作用的右脑进行记忆。右脑的特点就是具有通过想象记住见过或听过一次的事物，并通过想象再现这些记忆的能力。所谓的眼脑直映，也可以叫作"照相记忆"，我们的大脑像照相一样记住看到的事物，然后在需要这些信息的时候，以图像的形式再现在眼前。

在这里，我们要再次强调右脑视觉训练的重要性，它不但可以让你实现一目十行，而且可以让你练就过目不忘的本领。快速记住大量的信息是右脑的一种机能，但是对大多数人来说，这种机能都处于沉睡状态（右脑视觉训练可以激活这种机能）。此外，右脑还具有快速抓住进入大脑信息之间的规律，并运用这些规律进行记忆的能力。这种能力体现了右脑的创造性。

对于一些需要理解和分析的知识，就要通过对文章内容的理解和整体脉络的把握来实现对文章内容的记忆。在学校里，老师常常告诉我们应该在理解的基础上进行记忆，这样可以记得牢固而且不容易忘。如果你按照前面我们介绍的阅读方法进行阅读，读完文章之后，你就掌握了文章的中心思想、主要论点、段落结构和作者的写作思路。

如果读完文章之后，你对文章的结构和主要的知识点还没有明确的概念，那么你可以列一个大纲，或者用模块形式的笔记按照逻辑顺序处理文章的信息。列大纲和做笔记的方法可以帮你把文章的重点内容摘出来，排除很多次要信息的干扰。把握住文章的大纲和重要观点之后，再记忆文章的内容就容易多了。

虽然我们提到过熟读对记忆的重要性，但是不要盲目地反复阅读全篇，因为一篇文章中有些内容比较简单，有些内容是你所熟悉的，没有必要在这些信息上浪费时间。对于那些有价值的信息和难于理解的内容，则要反复阅读，直到熟读记牢为止。

用死记硬背的方法记忆文章的内容很容易遗忘。有时候，昨天记住的东西今天就忘了，也就是我们在介绍记忆原理时提到的瞬时记忆。当我们想记住文章中的信息，想掌握文章传达给我们的知识时，瞬时记忆就不能满足我们的需要了。要想把瞬时记忆转化为长时记忆，就要掌握遗忘规律，对文章内容定期进行复习，及时巩固记住的信息。在巩固知识的初期阶段，应该频繁复习，因为这个时期最容易遗忘信息。

心理学家关于遗忘和记忆的研究，为我们解释了遗忘的规律，这就是著名的艾宾浩斯遗忘曲线。这个遗忘曲线显示，学习后的前几天遗忘发生很快，而以后则逐渐变慢。因此，读完文章之后，应立即回顾一下全文，因为按照艾宾浩斯遗忘曲线，在阅读后的一分钟之内是遗忘最快的阶段。

心理学家斯皮泽曾做过这样一个实验，选用一段文章作为记忆材料，A 组被试学习后不久就进行一次复习，B 组被试则不进行复习，结果发现 A 组在一天后和一周后的成绩均高于 B 组。合理的复习方法是在学习后当天最好复习一次，以后复习间隔逐渐变大。刚开始记忆时，可以用较长的时间，两次记忆之间间隔短一些。经过几次记忆之后，每次记忆所用时间可以短些，时间间隔可以长些。这样就可以在遗忘之前得到巩固，使保持效果始终处于较高水平，如果等到几乎全部忘记的时候再重新学习就为时过晚了。

背诵文章要尽可能地准确，不要模棱两可地讲述文章的大意。因为过一段时间之后，你虽然对文章的内容有一个模糊的印象，但是很难把文章的内容清楚完整地表述出来。尤其是对于一些重要信息，最好一字不差地全部背过。如果内容不太多，最好一次性背过，这样可以方便你以后把它作为完整的单位进行复习。如果需要背诵的内容很多，那么就要先把这些内容分为几个部分来记忆，背完一部分之后，再背另外一部分，把每一部分当作一个完整的概念进行复习。

强记阅读法可以分为两个阶段，一个是记忆的阶段，一个是复习的阶段。在记忆阶段，根据不同的文章内容应该选择不同的记忆方法。针对信息类的内容，可以通过眼脑直映训练实现瞬间记忆。针对需要理解和分析的内容，则要在理解的基础上进行记忆。记住文章内容之后还没有结束，你还需要按照记忆遗忘规律进行及时复习，否则就前功尽弃了。

> **小练习**

1. 按照眼脑直映的方式记忆一篇纯信息类的文章。
2. 在理解的基础上记忆一篇需要理解和思考的文章。
3. 记住文章之后按照遗忘规律进行定期复习,把瞬时记忆转化为长时记忆。

比较阅读法

比较阅读法又叫比读法,指将两种或两种以上阅读材料进行对照,分析它们之间的相同点和不同点。这种阅读方法非常重要,尤其是在进行主题阅读的时候,我们需要对不同作者的观点进行对比分析。

比较就是通过事物的差异和共同之处,来认识和分析事物的本质属性及其表现形式。如果能找出它们之间的同中之异或异中之同,并能进行正确的分析,那就能有效地加深对文章的理解和记忆。俄国著名教育家乌申斯基曾经说过:"比较是一切理解和思维的基础,我们正是通过比较来了解世界的一切。如果我们面前出现某些新东西,而我们既不能拿它同什么东西比较,又不能把它同什么区别开来,那么,我们就不能对它形成一种思想,也不能对它说出一句话来。"

比较阅读法在学术研究领域应用比较广泛，在比较文学、比较教育学等专业学科中，比较阅读法是重要的学习方法。有比较才有鉴别，有鉴别才能取其精华，弃其糟粕，才能对问题有更深刻的认识。

比如当年鲁迅先生曾对《儒林外史》和《官场现形记》《二十年目睹之怪现状》《老残游记》《孽海花》等晚清小说进行比较阅读。他认为《儒林外史》能"秉持公正，指摘时弊"，且"戚而能谐，婉而多讽"，可以称为讽刺小说。后来出现的《官场现形记》《二十年目睹之怪现状》《老残游记》《孽海花》等小说虽然"命意在匡世，似于讽刺小说同伦"，但其"辞气浮露，笔无藏锋，甚且过甚言辞，以合时人嗜好"，只能称为谴责小说。

比较阅读法按照不同的标准可以分为不同的形式。

按照比较的项目分，有宏观比较和微观比较。宏观比较是对事物的多方面、多角度、多层次的综合比较。微观比较则是对某一个特定方面的比较。

按照文章的创作时间和作者所属流派划分，有横向比较和纵向比较。横向比较又叫作共时比较，即把同一流派的不同作者的作品做比较，把同一时期的作者的同一题材的作品做比较。比如把巴金的《海上的日出》、刘白羽的《日出》和姚鼐的《登泰山记》放在一起进行比较，虽然同样是观日出，但各人写法都不同，观察的角度不同，立意和写作风格也不同。纵向比较又叫历时比较，即把同一作者在不同时期用相同创作方法创作的作品进行比较。

按照文章的内容、形式进行划分，比较法可以分为选材比较、结构比较、立意比较、语言风格比较、表达方式比较、文体比较等形式。

按照阅读的目的来分，比较法可以分为理解性比较、评价性比较、鉴赏性比较、分析参考性比较等。

运用比较阅读法来阅读各种材料，首先要确定比较的范围，选好比较的角度和比较的形式。比较的范围和角度的确定由材料的内容和阅读的目的来决定。如果两份材料之间有多处可以进行比较，那么就可以进行宏观比较。如果两份材料只在某一点上具有可比性，那么就进行微观比较。如果阅读的目的是了解同一作者在不同时期的写作风格，那么就应该进行横向比较和鉴赏性比较。总之，我们应该根据阅读的目的和文章的内容来确定比较的范围、角度和形式。

在进行比较之前，应该仔细研读阅读材料，掌握材料的内容和作者的思想。在比较阅读的整个过程中，应该根据个人实际情况，灵活运用多种阅读方法，既要从宏观上掌握文章的结构，又要从细节上掌握具体的问题。分析阅读有利于我们了解材料的异同，发现材料之间的细微差别。

在比较的过程中，我们不但要找到阅读材料之间的不同点，也要考虑材料之间的相同点。发现文章之间共性和个性的能力是掌握和运用比较阅读法的关键。只有快速准确地找出阅读材料的异同点，才有可能进行具体的比较分析工作。

比较贯穿于阅读思维的全过程之中，分析不同材料中观点相同或不同的原因，可以加深对作者思想的理解，使思维得到深化。在对材料做比较时，思维必须要有条理性，特别是做宏观比较时，应该把握不同比较项目之间的关联性，找出其中的侧重点。

进行比较阅读的时候，最好准备一个大一点的笔记本。阅读过程中，还要随手做好笔记。把笔记本页面分为左右两栏，左边记录一份阅读材料的关键信息，右边记录另外一份阅读材料的关键信息。按照不同的项目进行对比，方便对照检查，分析鉴别。当然，如果对多份阅读材料的内容进行比较，就可以采用表格的形式或者文章段落的形式来记录。笔记的形式可以灵活掌握。

我们不但可以对不同作者的观点进行比较，而且可以把自己的观点和作者的观点进行比较。看到一个主题之后，得出自己对这个主题的观点和见解，然后与作者的观点进行比较，找出差距，看看作者的观点有哪些高明之处，原因在哪里。对比之后，读者的主观理解就与作者的思想融会贯通了，加深了理解和记忆。除了比较观点和见解之外，还可以比较写作方法。如果你想提高自己的写作水平，那么看到一个题目之后，就思考自己应该怎么写，然后对比作者的写作思路和方法。

通过比较阅读，我们可以得到更多的知识，学到更多认识问题的新视角及论证问题的方法。同时可以训练我们判断文章水平的高低、文章价值的大小的能力。比较阅读也是主动阅读的一种表现,在比较过程中,你需要积极地思考,不至于局限在接受性思维活动,而能充分调动回忆、对比、联想、鉴别等多种思维形式,从而更加深刻地理解读物的内容,提高阅读效果。

小练习

1. 选择同一主题不同作者的文章进行比较,发现二者的异同。

2. 选择同一作者不同时期的文章进行比较,研究作者思想和写作风格的变化。

鉴赏性阅读法

所谓鉴赏阅读,是指在阅读文艺作品的过程中,对作品进行鉴别和欣赏。它是在了解读物表达的思想内容的基础上,进一步对作品的表现技巧、语言风格等方面进行欣赏和鉴赏。通过鉴别和欣赏,与作者所表达的情感产生共鸣,在理智上达到新的认识高度,由此来培养和提高自己的文学造诣和审美能力。

文艺作品通过塑造形象来反映现实生活,因此鉴赏性阅读是通过形象思维展开的。你需要在自己的头脑中展开丰富的联想和想象，对艺术形象进行再创造。这也是我们前面提到过的对作者的文章进行解码和编码的过程。当你创造的形象与原来的形象很相近的时候，说明你已经理解了作品的内容。

只有当你对文章的理解达到理智上的领悟和情感上的反映的时候，才能对作品进行鉴别和欣赏。因为读者在阅读过程中获得的审美感受是通过共鸣来完成的。当读者被作品中的形象所感动，被作者的情感所感染的时候，才能和作者产生相通的思想感情，热爱作者所赞美的东西，痛恨作者所鞭挞的东西。

鉴赏阅读包括对作品思想内容的鉴赏，对写作风格和艺术技巧的鉴赏。对思想内容的鉴赏要建立在对文章中心思想和作者的写作主旨的基础之上。读者在阅读的时候应该思考下面几个问题：作者通过文章赞美了什么？批驳了什么？提出了哪些主要的观点？这些观点是否正确？有什么现实意义？对写作风格和艺术技巧的鉴赏则要思考以下几个问题：作品的语言有什么特色？作者采用了哪些修辞手法？作者运用了哪些创作技巧？作者是怎样谋篇布局的？哪些段落和句子让你得到了美的享受？

在阅读文章的时候，应该从下面几个方面对文章内容进行鉴别和欣赏。

1. 掌握文章的语感。所谓语感是指读者的语言感受活动，它是进行鉴赏性阅读的基本条件。读者从整体上感知语言对象，进而体验出一种语言模式，这就是语感。语言文字是读者进行阅读的媒介，只有通过对语言的感知和理解，才能实现阅读的目的。

语感中蕴含着丰富的美感因素，只有在对语言的感知和理解基础之上，才能进行审美意义上的鉴赏性阅读。

2. 发挥想象和联想的能力。想象和联想是进行鉴赏性阅读的必要途径。鉴赏性阅读需要读者进行形象思维活动，文学作品通过个别反映一般，具有一定的概括性。读者在鉴赏过程中，必须通过自己的想象去补充和扩大作品的生活画面，从而获得完整而丰富的形象美感。比如在鉴赏散文《荷塘月色》的时候，需要联系当时的背景，想象作者所处的环境，根据作者的铺陈描写，体会比喻、排比等修辞手法的使用，发挥想象力，找到身临其境的感觉。在阅读过程中，和作者一起欣赏月色下的荷塘美景。

3. 体验作者的感受。大多数文学作品都会包含作者的情感，喜怒哀乐都可以通过文字表现出来。读者在阅读的时候，情感与作者产生共鸣，就能体验作者的感受。作品是读者与作者沟通的桥梁，读者要想与作者产生情感共鸣，就要置身于作品描写的生活场景中去，通过人物的喜怒哀乐体验作者的爱憎情感。与此同时，还要领会作者在描写人物时使用的写作手法。比如在阅读小说《红楼梦》的时候，要分析错综复杂的人物关系，体会不同人物的情感世界，品味不同人物的个性特点，从中揣摩作者写作时的思想倾向。

4. 力求领悟文章深刻的思想内涵。没有思想的文章是不值一看的。如果读完作品之后，不能领悟文章的思想内涵和作者的写作主旨，就没有完成阅读的任务，也就不能对文章进行鉴赏。领悟文章的思想内涵是阅读的高级层次。

发挥想象和联想找到身临其境的感觉，体验作品中人物的感受和作者的思想感情都是读者对文章进行情感认识的需要。除此之外，读者还应该对作品内容进行理智认识。只有达到情感与理智高度结合的境界，才能真正鉴赏出作品艺术描写的精彩之处。

领悟文章深层的含义有助于进一步对作品进行艺术分析和审美评赏。比如在欣赏鲁迅的小说《祝福》时，通过对祥林嫂命运和性格的描写，我们可以感受到祥林嫂的悲惨遭遇。在这种体验之后，进一步获得理智的认识，分析作者的写作主旨，我们就知道是万恶的旧社会把祥林嫂逼上了绝路，作者批判了吃人的封建礼教。

鉴赏阅读具有强烈的主观性，读者鉴赏作品的时候总是依据自己的知识、经验、思想认识、情感态度以及自己的兴趣爱好做出判断。同样一篇文章，不同的读者阅读之后会有不同的感想和评价，即使是同一个读者在不同的心情、不同的状态下阅读同一篇文章也会有不同的感受。因此，鉴赏的主观性既表现在不同身份、不同文化水平、不同审美能力的读者之间，也表现在同一个读者在不同的心境下对文章态度的差别上。

可想而知，文化知识越丰富、生活阅历越广、思想水平越高的人就能在阅读过程中发挥主观能动性的时候表现出越强的鉴赏能力。鉴赏能力越强的人越能够发挥主观性，积极地投入到阅读过程中。

小练习

在报纸或杂志上找两篇文章,从思想内容、表现技巧和语言风格等方面对文章进行鉴赏。

创造性阅读法

创造性阅读是指运用已有的知识和经验,打破传统,从新的视角,带着新的目的阅读文章,对文章的内容和作者的观点提出新的看法,超越文章本身和作者的本意,得出创造性的结论的阅读方法。创造性阅读不但可以补充、丰富、发展文章的内容,而且可以激发读者的阅读兴趣和创新意识,敢于对文章提出自己的见解。

我们可以把与创造性阅读相对的阅读称为接受性阅读,两种阅读方法的区别在于:接受性阅读是读者把注意力集中在文章和作者身上,关注文章的内容、作者的观点以及论证过程;而创造性阅读则把重点放在读者身上,关注读者自己的需要和想法。阅读的本质是从文章中获得自己需要的信息,这个过程应该是积极主动的,不应该是被动地接受。

随着时代变化和社会的发展,同一读物在不同时代和不同社会背景下会产生不同的意义。读者在阅读过程中也会提出新的问题，站在新的认识高度和思想水平上对文章的内容提出疑问，寻求答案，从而不断发现新的意义，受到新的启示，得到比文章中的观点和信息更完备、更有价值的见解。

创造性阅读是阅读的高级形式，也是比较困难的一种形式，充分体现了主动阅读的特点。它不仅要求读者掌握速读、选读、跳读、泛读、精读等多种阅读形式，而且要求读者能够进行主题阅读，针对一个主题阅读多本书，对不同作者的观点进行分析辨别，从中得出建立在众多观点之上、超越前人理论的新观点。因此，创造性阅读是一个充满活力的创造过程，也是一项能够给你带来很大收获的活动。

创造性阅读以对文章的理解和鉴赏为前提，创造性阅读能力的提高伴随着理解力和鉴赏水平的发展。创造性阅读还具有一定程度的开放性和灵活性，表现在填补空白、寻求多解、大胆创造3个方面。

首先，进行创造性阅读，你应该发挥想象和联想，填补文章的"空白"。文章的空白有两种情况，一种情况是由于作者写作的原因，遗漏了某些内容，另一种情况是在文学作品中故意给读者留下想象空间。

比如："北京人易于满足，他们对生活的物质要求不高。有窝头就知足了。大腌萝卜就不错。小酱萝卜，那还有什么说的。臭豆腐滴几滴香油，可以待姑奶奶了。虾米皮熬白菜，嘿！"

"虾米皮熬白菜"到底是什么味道，到底好吃到什么程度，作者并没有明说，一个"嘿"字，给我们带来无限的遐想。读者也只有通过想象和联想才能体会到作者试图表现出的北京人极易满足的心态。

有时因为事物的不确定性，作者在描述的时候必然也会使用不确定的语言。这种情况同样需要读者在阅读的过程中展开想象去填补这些"空白"。比如在文章《火烧云》中，作者写到"这地方的火烧云变化极多……"火烧云千变万化，作者只列举了几种颜色和3种形状变化，给读者留出了想象空间。在阅读过程中，读者把已有的知识和经验与从文章获得的新的信息联系起来，激发想象和联想，对文字符号所蕴藏的意义有了更深层次的感性认识。读者的知识和经验越丰富，填补空白的能力就越强。

其次，发散思维，寻求多解。文学作品不像数理化，很多时候没有标准答案，需要读者运用发散思维，从多个角度思考问题，寻求更多的答案。寻找多种答案可以突破思维定式，激发读者的创造潜能。

可以作为主题进行讨论的问题一般都是开放性问题，只要有充足的理由，你的答案就是正确的。你可以先从多个角度展开发散思维，寻找多个答案，然后对这些答案进行比较分析，运用聚合思维归纳出新的观点和见解。

最后，创造性阅读法可以激发我们的阅读兴趣，鼓励我们大胆创造。有些时候我们读完一篇优秀的文章，或者读完一本精彩的小说之后，觉得意犹未尽。这时你可以对文章的内容发表自己的见解，写一篇读后感，或者对小说的内容进行改编或续写，把自己的思想和意志融入作品当中。这个过程在加深读者对文章理解的同时，也训练了自己的想象力和创造力。

比如鲁迅先生在阅读《玩偶之家》之后，提出了一个新的问题："娜拉出走以后怎样？"后来在《伤逝》中，鲁迅用涓生和子君的经历描述了娜拉出走以后可能会遇到的情况。理想的目标是令人神往和迷恋的，易卜生在《玩偶之家》中详细地描写了娜拉追求理想的心理和生活过程，最后以娜拉的出走为解决，使千万人为之庆幸。然而鲁迅想得更远——娜拉出走以后就万事大吉了吗？显然不是，她还是要面对残酷的现实。鲁迅对娜拉未来的进一步设想就是运用了创造性阅读方法，从一个主题引申到另一个更为深刻的主题。

读者应该在已有知识和经验的基础之上，积极地思考作品背后隐藏的问题，找到问题的根源和解决方案。因为作者可能只看到了问题的一个方面，没有进行更广泛、更深层次的挖掘。优秀的读者应该在作者的启发下联想到更多的问题。

创造性阅读是阅读的最高境界，充分体现了读者在阅读中的主动性。创造性阅读把创造性思维与阅读活动结合起来，要求读者在阅读过程中有所创新，形成自己独特的见解。在进行创造性阅读的时候，阅读的目的不仅是获得信息和增进理解，还要提出新的问题，寻找新的答案。

创造性阅读的方法很多，我们需要在日常的阅读过程中不断地尝试，不断总结经验。

小练习

运用创造性阅读法，读完一篇小说之后写一篇续，设想一下故事将如何继续发展。

五W阅读法

我们在前面多次提到过在阅读之前向自己提出几个问题，然后带着问题进行阅读，在阅读的过程中寻找答案。这样可以明确阅读的目的，检验阅读的收获。

传播学的奠基人拉斯维尔提出的"五W模式"是新闻传播领域非常著名的一个理论，后来在各个领域得到了广泛的应用。"五W"即通过提出5个问题获得事件的主要信息：谁（Who），做什么（What），什么时候（When），在哪里（Where），为什么（Why）。

把这5个问题应用在阅读领域，我们可以把问题具体化，通过提问明确阅读的主体，阅读的对象，阅读的时间、地点和目的。

· 阅读的主体是谁？

答案当然是读者自己，但是我们要进行更细致的分析。要想更好地了解自己的阅读能力，就可以问自己以下几个问题：自己的年龄多大？生活阅历如何？什么学历？什么专业？知识结构如何？阅读速度多快？理解力如何？记忆力如何？对这些问题有了全面的了解和清楚的认识，你就能对自己的阅读能力有所了解，从而在阅读过程中给自己确立一个恰当的期望值。

· 阅读的对象是什么书？

回答这个问题需要对阅读材料进行分析。要想彻底地了解手中的阅读材料，你需要对自己提出以下几个问题：我要阅读的是报纸、杂志还是书籍？阅读材料是什么体裁？是小说还是科技论文？是理论专著还是百科、丛书？这些问题的答案可以通过预览全文获得。

此外，你还要掌握书的难易程度，预计自己能够对文章内容理解到什么程度，为接下来的阅读任务做好心理准备。

· 在什么时间阅读？

这个问题是让我们做好阅读时间的安排。这个时间安排既可以指一本书的阅读时间，也可以指整个人生的阅读计划。具体到阅读某一本书时，我们可以根据书的内容把时间安排在早上、中午或晚上。比如诗歌、散文等适合朗读的书籍可以安排在早上进行晨读，科技论文或学术专著等需要理解和学习的文章适合在上午精神饱满的时候阅读，通俗小说则可以安排在晚上睡觉之前阅读。在整个人生的阅读计划中，则可以把书籍分成几个类别，分别在少年、青年、中年和老年的时候阅读。还可以按照书中内容的差别分为两类，分别适合顺境和逆境中阅读。顺境的时候适合阅读能够警示自己不要骄傲的书籍，逆境的时候则应该阅读激励自己克服困难奋发努力的书籍。

· 在什么地方阅读？

　　这个问题是让我们选择合适的阅读环境。宏观环境可分为城市或乡村，热闹的市区或安静的地带。当然，安静的环境更有利于我们完成阅读任务。具体的阅读环境又可以分为办公室、教室、图书馆、公园、卧室、客厅、书房、阳台等等。选择具体的阅读环境同样需要根据阅读内容的不同做出判断。阅读与工作相关的文件当然适合在办公室里，阅读专业书籍等学习资料则适合在学校的教室或图书馆，阅读消遣性的书籍可以在公园的长椅上，阅读符合自己兴趣爱好的书籍则适合在自家的书房、卧室、客厅或阳台。具体在哪里还要根据自己的个人喜好。

· 为什么阅读？

　　这个问题解决的是阅读的目的。我们在前面曾反复强调只有明确阅读目的才能集中精力进行阅读，达到最佳的阅读效果。读完文章之后，对照阅读目标才能检验自己的阅读成果。阅读的主要目标是搜集信息或者提升理解力，如果按照不同的标准细分，阅读的目的还可以分为谋生、消遣、陶冶情操、增长知识、提升某方面的能力等等。这些目的有时还会交织起来，或者以某种目的为主，兼有其他的目的。比如在读一本诗集的时候在陶冶情操的同时也实现了消遣的目的。

回答完这5个问题之后，你就为阅读做好了充分的准备。弄清这5个问题是选择恰当的阅读方法的前提。找到这5个问题的答案也就弄清楚了自身的阅读能力、阅读材料的性质和体裁、阅读的环境和时间以及阅读的目的。接下来，你就可以根据这些信息选择合适的阅读方法。相反，如果不了解这些情况就盲目阅读，那么就不能选择恰当的阅读方法，也就无法达到最佳的阅读效果。

提问是读者与作者进行思想交流的重要手段，它可以激发读者的思考能力，为读者提供思考方向，帮助读者快速掌握文章的要点。在正式阅读过程中我们也倡导大家及时提出问题，善于提出问题的人才能获得更多的知识和信息。学而不问，不是真正的学习。

遇到一个问题或一个现象，应该向自己提出3个问题：是什么？为什么？怎么办？首先要知道是什么，不懂就问，弄明白事实是什么情况；其次要弄明白为什么会这样，知其然还要知其所以然；最后要知道怎么办，任何问题都有解决的办法。遇到问题先问自己，如果自己无法解答，就请教别人，不耻下问。第一类问题是事实，第二类问题是理论，第三类问题是方法。通过这三次提问，你就能把一个问题彻底解决掉。

小练习

运用五W阅读法阅读一本书或一篇文章，在正式阅读之前回答5个问题，明确自己的阅读能力、阅读材料的性质和难易程度、适合阅读的时间和地点，以及阅读的目的。